누가 너를 위로해 줄까
누가 나를 위로해 줄까

누가 너를 위로해 줄까
누가 나를 위로해 줄까

초판 1쇄 인쇄 2025년 03월 06일
초판 1쇄 발행 2025년 03월 21일

신고번호 제313-2010-376호
등록번호 105-91-58839

지은이 혼 리

발행처 보민출판사
발행인 김국환
기획 김선희
편집 조예슬
디자인 김민정

ISBN 979-11-6957-318-4　　　03810

주소 경기도 파주시 해올로 11, 우미린더퍼스트@ 상가 2동 109호
전화 070-8615-7449
사이트 www.bominbook.com

- 가격은 뒤표지에 있으며, 파본은 구입하신 서점에서 교환해드립니다.
- 이 책은 저작권법에 의하여 보호를 받는 저작물이므로 무단 전재와 복사를 금합니다.

누가 너를 위로해 줄까
누가 나를 위로해 줄까

혼 리 시집

블루마운틴을 마시며 리스트의 위안 3악장을 듣는다.
스카이버리를 마시며 쇼팽의 화려한 대왈츠를 듣는다.

이 시집 출간에 도움을 주신

류지선(내가 사랑하는 여성이자 친구이자 스승이자 아내) 님

이레오(내가 사랑하는 아들이자 친구이자 나의 스승이 될) 님

김길순 아내와 나의 어머님

서봉엽(사천에 계신 우리 미술관 제1호 손님. 우리 부부를 보호하기 위해 언젠가 꼭 이야기할 생명의 위협을 당하셨던) 님

김예림(스페인에 계셨던 우리 부부에게 한없이 베풀기만 하시는 친구) 님

김선태(삼천포에 계시는 나의 가장 나이 많은 제자이시자 친구) 님

김현영(장유에 계시며 우리 커피를 사랑하고, 우리 부부가 잘 되기를 진심으로 바라시는 친구) 님

정동혁(남원에서 우리 가족을 신뢰하며, 우리의 주치 한의사이시자 친구) 님

그리고

박진경(사포 현대무용단 무용가 & 안무가이시며, 우리 부부의 아이 이레오 군의 스승님이자 우리의 친구) 님에게 깊은 존경과 감사를 드립니다.

멋진 시집을 위해 최선을 다해 주신 보민출판사의 김국환, 김선희, 조예슬, 김민정 님에게 감사함을 표합니다.

추천사

시인 혼 리의 시집 『누가 너를 위로해 줄까』는 오래된 찻집의 LP에서 바늘에 긁히는 정겨운 소리와 잔잔하게 흐르는 음악을 생각나게 한다. 시인은 커피 한 잔과 함께 클래식을 듣는 순간순간을 시로 녹여내며, 잔잔한 삶을 노래한다. 시인이 운영하는 블로그에 새벽녘 한 중학생이 남긴 메시지, 그리고 그 속에 담긴 삶의 무게. '누가 나를 위로해 주었는가'라는 물음에서 시작된 이 시집은, 결국 '위로'란 무엇인가에 대한 고찰로 이어진다. 그에게 위로가 되었던 것은 커피, 클래식, 명상, 그리고 시였다. 그는 이 시집을 통해 독자에게도 같은 위로를 전하고자 한다.

특히 표제작인 '누가 너를 위로해 줄까'는 강렬한 인상을 남긴다. 시인은 리스트의 위안 3번을 들으며 과거의 기억들을 꺼낸다. 폭우 속에서, 홍수에 떠내려가던 어머니를 바라보는 꿈, 그리고 현실 속에서 외로움을 경험했던 순간들이 교차한다. 이 시를 통해 시인은 인간이 겪는 상실과 그 안에서의 위로를 이야기한다. 위로는 거창한 것이 아니다. 때로는 한 곡의 음악, 한 잔의 커피, 한 줄의 시가 우리를 위로할 수도 있다. 시인은 그저 마음의 평안을 독자와 나누고자 한다.

또한 '비 오는 노래가 공간을 마음한다'에서는 베토벤의 하머클라비어 소나타를 들으며 인생의 무상함을 이야기한다. "삶은 어디에도 도착하지 않는다. 삶은 죽음에 닿았다. 죽음은 끝이 아니다."라는 구절에서 보이듯, 시인은 삶과 죽음의 경계를 사유하며, 그것이 결국 하나의 흐름임을 깨닫는다.

이 시집의 또 다른 특징은 음악과 함께 시가 쓰였다는 점이다. 각 시에는 특정한 곡과 함께 커피의 종류가 언급되는데, 이는 단순한 배경이 아니라, 시인이 그 순간을 받아들이는 방식이자 독자가 시를 체험하는 방법이 된다. '당신과의 에스프레소'에서는 드뷔시의 목신의 오후에의 전주곡을 들으며 부드러운 바다의 풍경과 한 모금의 커피를 함께 음미하고, '눈물'에서는 베토벤의 변주곡을 들으며 부모와 자식 간의 관계 속에서 느낀 감정을 담아낸다. 이처럼 이 시집은 '읽는 것'을 넘어서, '듣고, 마시고, 느끼는' 시집이라 할 수 있다.

시인이 바라는 것은 크지 않다. 그저 "모든 착한 마음이 굳건히 나아가기를 바란다"는 그의 말처럼, 이 시집을 읽는 독자가 작은 위로라도 얻을 수 있기를 바라는 마음일 것이다. 『누가 너를 위로해줄까』는 위로를 찾는 이들을 차분하게 다독인다. 음악에 마음을 싣고 시에 나를 투영하며 더욱 깊이 있는 시간을 줄 것이며, 위로가 필요한 누군가에게 안식을 주는 한 권의 시집으로 남을 것이다.

2025년 3월
편집위원 **김선희**

시인의 말

화가인 아내와 나는 생각보다 더 작은 미술관을 운영한다.

나는 사람이 적당히 들어오는 커피, 철학에세이, 여행, 영화, 시 그리고 단상을 기록하는 블로그를 운영한다.

미술관에도 블로그에도 이야기(상담)를 하러 가끔 사람들이 오거나, 글을 남긴다.

그러던 어느 날 새벽에 중학 3년이라는 아이의 편지가 블로그에 왔다. 삶이 힘들다, 살 이유가 있을까. 부모가 너무 밉다. 왜 나를 멋대로 태어나게 했는가. 자살하고 싶다는 내용이었다.

누가 나를 위로해 주었는가.
누가 나의 삶을 이어갈 희망을 주었는가.
누가 내가 여전히 내일을 꿈꿀 수 있을 용기를 주었는가.
누구 탓인가.

나는 그 아이에게 답장을 했다. (203페이지)

나는 시간 낭비하지 않기를 바라지만, 이야기를 한 대부분 사람들의 그 후는 모릅니다. 그저 그들이 잘 살기를 바란다.

아내는 내가 미련하다고 한다.

그런 나를 누가 위로해 줄까.

가만히, 내가 삐거덕거릴 때를 바라보면
내 옆에는 커피와 클래식과 명상이 있었다. 그리고 격정을 토로한 시.

모든 착한 마음이 굳건히 나아가기를 바란다.

이 시를 류지선님과 이레오님에게 드린다.

2025년 3월 5일

시인 **혼 리**

목차

추천사 • 5
시인의 말 • 8

당신과의 에스프레소 _ 1 • 20
드뷔시Claude Debussy 목신의 오후에의 전주곡
Prélude à l'après-midi d'un faune을 들으며 에스프레소를 마시다.

오실 님 • 22
베토벤Ludwig van Beethoven 교향곡 3번 영웅을 추억하며 믹스커피를 마시다.

알게 될 자만 알게 될 것임을 • 24
베토벤Ludwig van Beethoven 교향곡 5번 운명 Symphony No. 5 in c minor Op. 67. Fate를 들으며 saint helena green tipped burbon을 마시다.

시에 대한 이해 • 25
모차르트Wolfgang Amadeus Mozart requiem을 들으며 burundi butezi를 마시다.

소리가 분다 • 27
헨델George Frideric Handel의 piano sonate Minuet in Gminor(Arr. Wilhelm kempff)를 들으며 ethiopia yirgacheffe를 마시다.

조용히 천천히 평온히 · 28
바흐 관현악 모음곡 3번 BWV 1068. Orchestral Suite No. 3 in D Major 1악장과
2악장 overture와 air를 들으며 malawi njuri pea berry를 마시다.

누가 너를 위로해 줄까 · 29
리스트Franz Liszt의 위안 Consolations, S. 172 No. 3 in D-Flat Major를
조성진의 연주로 들으며 jamaica blue mountain mavis bank를 마시다.

낭만적으로 민주주의여 만세 · 34
라벨Maurice Ravel 죽은 왕녀를 위한 파반느 Pavane pour une infante défunte를 들으며
hawaii kona cansino farm extra fancy를 마시다.

파반느 · 38
포레Gabriel Fauré 파반느 Op. 50 Pavane Op. 50을 들으며
jamaica blue mountain clifton blue mountain을 마시다.

비 오는 노래가 공간을 마음한다 · 40
베토벤Ludwig van Beethoven 작품 106. 하머클라비어. 피아노 소나타 29번 내림 나장조.
3악장 매우 신중하고 무겁게 한결같게 끝까지
Piano Sonata No. 29 in B Flat Major Op. 106 hammerklavierr III.
Adagio sostenuto를 들으며 jamaica goldcup blue mountain을 마시다.

풍경소리 · 43
리스트Liszt Ferenc La Campanella를 들으며 차가운 chai를 마시다.

이해 · 45
헨델Georg Friedrich Handel opera Acina HWV34 ActII Verdi prati.
concerto for oboe d'amore strings & b. c, Larghetto를 들으며 costa rica tarrazu를 마시다.

기괴한 사실은 · 48
하이든Franz Joseph Haydn의 Piano Trio No. 33 in Gminor, Hob. xv, N0. 19 Op. 70 No. 2;
1. Andante - Presto를 들으며 equador galapagos el cafetal을 마시다.

아내의 거리 그리고 아내가 들어선 공간에서 · 52
베토벤 피아노 협주곡 4번 사장조 58번 2악장 활기차게 천천히. piano Concerto No. 4 In
G Major, Op. 58-II. Andante con moto를 들으며 puerto rico yauco selecto를 마시다.

메모리 오브 러브 · 64
유키 구라모토yuhki kuuramoto memory of love를 들으며 yemen mocha matari를 마시다.

눈물 · 68
베토벤Ludwig van Beethoven 9 Variations on a March by Dressler in C Minor, WoO 63:
Theme & Variations Maestoso, I-IX. 드레슬러의 행진곡에 의한 9개의 변주곡 다단조
WoO 63 장엄하게를 들으며 rwanda isimbi를 마시다.

삶 · 75
바흐 관현악 3번 2악장 air를 빌헬미 아우구스트에 의해 편곡된 G선상의 아리아.
BWV 1068. orchestral suite no. 3 IN D major. chapter 2.
air. arrangemen August Wilhelmj AIR (ARIA) on the G stirng을
사라 장 바이올린으로 들으며 papua new guinea를 마시다.

하늘 아래에서 보는 하늘 위의 내가 보는 아래 · 78
베토벤Ludwig van Beethoven Sonata for C & P no. 2 in G minor, Op. 5 No. 2-1.
adagio sostenuto ed espressivo-allegro molto piu tosto presto를 들으며
hawaii kone greenhills extra fancy를 마시다.

풍부한 세상에서 우아한 대화 · 81
하이든Franz joseph Haydn 현악 4중주 61번 라단조 Op. 76 2번 Hob. III:76 '5도'
String Quartet No. 61 In D Minor Op. 76 No. 2 Hob. III:76 Fifths (die quinten) 3악장
Menuetto. Allegro ma non troppo를 들으며 jamaica warren Ford blue mountain을 마시다.

당신과 왈츠 • 84

하차투리안 Aram Ilyich Khachaturian 가면무도회 제1곡 왈츠를 들으며
panama esmeralda gesha를 마시다.

아직도 들리는 것만 같아 • 89

비제 Georges Bizet 진주 조개잡이 Les Pêcheurs de perles에서
La Romance de Nadir를 들으며 nicaragua maragogipe를 마시다.

바람 심하게 불던 밤으로의 여정 • 94

하이든 Franz Joseph Haydn Symphony No95 in C minor III Menuetto를 들으며
honduras copan을 마시다.

책임 • 98

비발디 Antonio Vivaldi The Four Seasons 12 - Winter_Allegro를 들으며
kenya masai aa top을 마시다.

경계에서 • 101

비발디 Antonio Vivaldi의 Violin concerto in B flat major, RV371 II. Larghetto를 들으며
jamaica arthur mcgowan blue mountain을 마시다.

열정 • 104

호르헤 아벤다뇨 루어스 Jorge Avendaño Lührs 열정 La Pasión을
Sarah Brightman & Frenando Lima 음성으로 들으며 tanzania killimanjaro를 마시다.

조용한 • 108

costa rica finca de julias red honey를 마시며 secret garden adagio를 들으며,
쇼팽 Frédéric chopin waltz 64–2를 듣다.

삶의 무게 • 109
헨델Georg Friedrich Handel HWV 432. 피아노 모음곡 7번 사단조.
6악장 파사칼리아. HWV 432: VI. Passacaille를 들으며 peru chancnamayo를 마시다.

망각 • 112
랑고르LuedL anggaard 심포니 1번 산(벼랑)의 목가 symphony no1.
kloppen pastarale를 들으며 ethiopia harrar를 마시다.

아다지오 • 116
알비노니Tomaso Albinoni Adagio를 조수미의 노래로 들으며
saint helena green tipped bourbon을 마시다.

사랑 • 117
베토벤 piano sonata no. 14 c♯ minor moonlight를 들으며 bolivia irupana를 마시다.

행위의 이해 • 121
타르티니Giuseppe Tartini Violin Sonata In G Minor, Op. 1 No. 6,
The Devil's Trill을 들으며 costa rica los naranjos black honey process를 마시다.

영원의 순간 • 126
비발디antonio vivladi Violin concerto in B minor, RV 390을 들으며
hawaii greenwell extra fancy를 마시다.

어떤 떼루아에서 • 130
beethoven sonata no. 3 C major op. 2 adagio를 들으며
indonesia mandheling wit pesam을 마시다.

비 올 바람 부는 비 안 올 석양에서 • 134
베토벤 piano sonata no. 31 in A flat major, op. 110-fuga를 들으며
dominica barahona를 마시다.

마주르카의 추억 · 137
쇼팽 Mazurka Op. 17_No. 2 Eminor를 들으며 guatemala santa felisa gesha를 마시다.

헝가리 귀족 · 139
브람스 hungarian dance no. 4 in F sharp minor를 들으며 zimbabwe pezuru를 마시다.

아베 마리아 · 142
블라디미르 바필로프Vladimir F. Vavilov 아베마리아 Ave Mmaria를
김지연의 바이올린으로 들으며 colombia popayan을 마시다.

노래와 춤 · 148
페데리코 몸포우 덴코즈Frederic Mompou Dencausse Cancion y Danza 6번을 들으며
cuba crystal을 마시다.

권력에의 의지 · 150
조성진의 피아노로 리스트 순례의 해 제2년 이탈리아 7번. Annees de Pelerinage Italie.
Après une lecture du Dante: Fantasia qausi Sonata 단테를 읽고:
소나타풍의 환상곡을 들으며 brazil santos ny2를 마시다.

매우 매우 아름답고 환상적인 나라 · 152
Lued Langgaard symphony 전곡을 들으며 guatemala antigua를 마시다.

존재의 이유 혹은 삶을 사는 방식 · 156
하이든Franz Joseph Haydn Trio in E flat major Hob XV No. 31-1.
Andante를 들으며 guatemala accatenango를 마시다.

아내와의 산책 _ 1 · 159
쇼팽chopin 9-2. Nocturne No. 2 in E Flat Major. Andante. rondo를
조성진의 피아노로 들으며 ehiopia gesha를 마시다.

아내와의 산책 _ 2 · 162

차이콥스키Петръ Ильичъ Чайковскій. Pyotr Ilyich Tchaikovsky 백조의 호수 피날레를 바라보며 peru chancnamayo를 마시다.

23 걸음의 자유 · 165

슈베르트Franz Schubert D.911 겨울 나그네 winterreise 1. gute nacht과 24. der leiermann을 용재 오닐richard yonghae o'neil 비올라로 들으며 ethiopia yirgacheffe를 마시다.

당신과의 에스프레소 _ 2 · 168

모차르트 Mozart K.467 피아노 협주곡 21번을 들으며 에스프레소를 마시다.

눈 오는 · 170

표트르 일리치 차이콥스키Пётр Ильи́ч Чайко́вский 씨의 Op.37b 사계Времена года 중 6월 뱃노래 Barcarolle, Andante cantabile를 들으며 guatemala acatenengo santa felisa gesha를 마시다.

경청하다 · 173

프로코피예프Sergei Sergeyevich Prokofiev 발레 로미오와 줄리엣 중 13번 (1막 2장 5번) 기사들의 춤 (몬테규가와 캐플릿가) Op.64 Romeo and Juliet, No.13 Dance of the Knights(montagues & capulets)를 들으며 south sudan boma coffee를 추억하다.

모차르트 · 179

모차르트 k466 피아노 콘체르토 20번 D단조 1악장 알레그로로 ethiopia keffa natural을 마시다.

부끄러움을 모르는 · 183

바흐 협주곡을 들을까 모차르트 협주곡을 들을까 고민하며 tanzania killimanjaro pb를 마시다.

외로움에 대한 이해 혹은 · 186
브람스의 저먼 레퀴엠을 들으며 el salvador santa ana shb를 마시다.

휴식 · 188
헨델 피아노를 들을까 하이든 피아노를 들을까 고민하며
jamaica wallenford estate을 마시다.

이해 못할 길 · 192
베토벤 Ludwig van Beethoven 교향곡 5번 운명
Symphony No. 5 in c minor Op. 67. Fate를 들으며 jamaica blue mountain을 마시다.

누가 나를 위로해 줄까 · 197
조성진이 연주하는 쇼팽 Frédéric Chopin Waltz No.1 Grande Valse brillante op.18를
들으며 Australia Queensland Skybury를 마시다.

편지 전문 · 203
죽고 싶다는 중3 학생에게

누가 너를 위로해 줄까
누가 나를 위로해 줄까

여기 나오는 모든 분들의 존칭은 생략한다.
양해 바랍니다.

당신과의 에스프레소 _ 1

드뷔시Claude Debussy 목신의 오후에의 전주곡 Prélude à l'après-midi d'un faune을 들으며 에스프레소를 마시다.

아름다운 바다가 펼쳐지는
고귀한 테라스에서
에스프레소를 마시고 있습니다.

부드럽게 일렁이는 파도
반짝반짝 춤을 추는 햇살
이국적인 잎새의 나무들
모든 귀가 쫑긋 선 고양이
그리고
무섭게 달려드는 모기들

마저
로맨틱한 풍경의 시간처럼
추억의 또아리를 가져다준

에스프레소

그 쓴 한 모금

노래하는 바다
유혹하는 태양
고즈넉한 정원
샘 많은 고양이
그리고
갈구되어진 피

마저
충만한 공유의 시공처럼
기억되어질 그 공간에서

나는 당신만을 보았습니다.

오실 님

베토벤Ludwig van Beethoven 교향곡 3번 영웅을 추억하며
믹스커피를 마시다.

오실 님
불 밝히어도
이내 사라지는
그림자에

행여나
아니 오실까
조바심 난 하얀 밤을
새우려도

걱정을
드리올까 꺼버린
이 밤에
이어지는

기척에 뒤척이는 몸을
가눌 수 없어

까만 밤에
허공을 올려다
봅니다.

알게 될 자만 알게 될 것임을

베토벤Ludwig van Beethoven 교향곡 5번 운명 Symphony No.5 in c minor Op.67. Fate를 들으며 saint helena green tipped burbon을 마시다.

가득한 세상에 한 줄기 그어져 따라가니 커다란 구멍이 있어.
지나가면 무엇이 있을까 간절히 기어갈 길을 뚫어 도착하니.
지나온 곳의 가득은 차츰차츰 다가온 것에 한 줄기 그어지니.
돌아갈까 둘러보는 세상에 가득함 채워져 더 한 줄기 그리움.
기어이 구멍을 더 넓고 크게 뚫어 이쪽과 저쪽을 걸어 다니며.
저기서 거기를 거기서 저기를 바라보니 한 줄기 그어진 선이.
어둠이요 빛이요 빛이요 어둠이요 주창함에 문득 여기서 보니.
빛이 무언가 어둠이 무언가 맑음이 무언가 탁함이 무언가 함에.
무엇이 보이는가 무얼 보는가 무얼 느끼는가 무얼 바라는가.
내가 한 줄기와 한 줄기를 이토록 간절히 그리워함을 알았다.
빛인가 어둠인가 맑음인가 탁함인가 나는 무엇으로 무얼 보는가.
그곳은 맑아 더 암흑의 점이여 찾아내어 한 줄기로 인도되니.
이쪽에서 너머를 잊고 더 안으로 그리워하는 나를 바라본다.

- 빛은 없다.

시에 대한 이해

모차르트Wolfgang Amadeus Mozart requiem을 들으며 burundi butezi를 마시다.

이제 우리가 이야기해야 할 것은 시입니다.
물론 시는
이 時가 아니고, 이 詩입니다.
물론 오해가 있을 줄 압니다.
그러나
우리가 이야기해야 하는 것은
여러 가지 왜곡과 방해와 발췌와 곡해가 있다손 치더라도
바로 詩입니다.
이 詩란 것의… 태생은
글쎄요
그 始가 어디인지는 정확히 알 수 없지만,
또한 그 示가 정확히 무엇인지 직설적으로 찌를 수 없어,
빙글 돌린다 치더라도
우리는 이제 詩를 이야기해야 합니다.

물론 詩에서 時를 제거한다면

이미 이 詩는 아무런 의미가 없습니다.

그래서 우리는 詩를 대체로 피상적으로 이해하는 경향이 발생하는 것입니다.

하지만

그럼에도 불구하고 우리가 만약 이 時 속에 있는 그 모든 상황들을

정확하게 내지는

그 절대성을 이해하게 된다면 우리는

그 詩를 뼈 시리게 이해할 수 있게 되겠지요.

그럼에도 詩가 詩로서의 전달력이 현저하게 떨어진다면

우리는 한 가지의 경우를 의심해야 합니다.

바로 그 詩의 한계성 때문입니다.

그리고 대체로 이 문제로 인해 詩의 운명은 결정되는 것입니다.

허름한 세상의 허무한 여러분,

詩가 바로 時는 아닙니다.

하지만 時의 바탕이 없이는 詩가 될 수가 없습니다.

즉 時에 대한 정확한 이해와 느낌이 바로 詩의 한계성입니다.

그래서 유치하고 닭살 돋아나는 詩도 詩가 되는 것입니다.

그래서 너무나 가증스러운, 詩인 체하는 詩도 존재하는 것입니다.

소리가 분다

헨델George Frideric Handel의 piano sonate Minuet in Gminor(Arr. Wilhelm kempff)를 들으며 ethiopia yirgacheffe를 마시다.

그런가.

문득. 기억은 주마등. 물이 심장에 고인다.
그때. 먼 데 돌아보니 바람이 보인다.

바라보니.
바람의 이야기는 준비되어 있다.

그런가.

바람이 분다.
바람이 다가온다.

나는 활짝 펼쳐 바람에 맡긴다.

때가 되었다.

조용히 천천히 평온히

바흐 관현악 모음곡 3번 BWV 1068. Orchestral Suite No.3 in D Major 1악장과 2악장 overture와 air를 들으며 malawi njuri pea berry를 마시다.

운명은 공간의 도리이다. 시공에서 선악은 아픔뿐.
지극히도 조그만 무량함. 자욱성간운에 놓여진 나.
의지는 숙명과는 다르다. 새누 찬란한 빛이여 오라.
부딪쳤고, 혔다 보이니더. 저기 이곳에서 금이 간다.
목하에서 끈 놓아야 하니, 여기는 이 길 끝임에 즉.
무너질까 빛이 될까 한들. 바람이 부는 소리는 거기.
여기서 시공을 바라보며. 공간 소리는 바람 흐노니.
저기와 여기는 다른 운명. 이것에 묵언의지 하노니.
공에서 시공을 바라본다. 시공은 간의 어디에 있고.
그 시공에 있을 의지는 소리가 부는 바람을 본다.
잃을 것도 놓을 것도 아쉬울 것도 잡을 것도 없다.
이제 소리의 바람에 흔들리지 않을 수 있을 것이다.
바람이 부른다 소리가 분다 빛이여 내가 보고 있다.

누가 너를 위로해 줄까

리스트Franz Liszt의 위안 Consolations, S.172 No.3 in D-Flat Major를 조성진의 연주로 들으며 jamaica blue mountain mavis bank를 마시다.

가랑비는
11시 28분쯤 분노로 일그러진 얼굴 눈에서 쏟아지는 광기로 변해 사방에 꽂힌다.
마치
개미들에게 아이가 물바가지에 가득 담은 물을 퍼붓듯.

네가 나하고 재미있게 놀고 있는 곳에, 네가 상상도 할 수 없을 커다란 거인이 갑자기 네가 본 적도 없는 커다란 통의 가득한 물을 쏟아부었어. 다행히 너는 나무에 달린 줄을 붙잡을 수 있었어. 그런데 나는 그 물에 쓸려 떠내려가고. 그렇게 흘러가는 나를 보는 너는 어떻게 될까.

나는 어머니를 바라보았다. 어머니의 눈.
개미들을 바라보았다. 개미들의 보이지 않는 눈.

개미들을 나뭇잎으로 다 구했다.

어머니 미안합니다. 다시는 하지 않겠습니다.
(7세의 나는 저렇게 말하도록 배웠다.)
그래.

50년 전의 봄.
동생은 병원에 입원해 있고, 가끔 집에 오는 어머니가, 혼자 놀고 있던 나를 안아주었다. 그때
외로움을 이해했다.

동생이 어머니도 아버지도 아닌 형을 울부짖으며 수술실에 들어갈 때 고독을 이해했다.

가족이 다 모여 사진을 찍은 건
동생이 수술을 받으려 병원에 가기 전 봄, 그 도시의 유원지에서 찍은 것,
누나들이 다녔던 초등학교 가을 운동회에 (아버지가 귀빈인사를 하고 나서) 찍은 것,
고교시절 일본에 있던 고모에게 보내기 위해 사진관에서 촬영

한 사진,

   섬나라에 가기 전 경주의 한 호텔에서 촬영된 사진.

   4번이 전부다.

   그 사진에서 나의 눈.

   누나들 결혼사진에 나는 없다.

   혼자서 촬영한 사진도 거의 없다.

   그런 나를 내 아들은 즉석사진기, 디지털사진기, 수중사진기, 필름사진기, 액션캠 등으로 많이 촬영해 준다.

   그 사진에서 나의 눈.

   폭우는 멈췄다.

   그 후 어머니가 홍수에 떠내려가고, 나는 위에서 하염없이 바라보는 꿈은,

   초등 2년 여름 방학 시골 강에서 나는 살아남고, 경쟁하던 아이가 익사한 후,

   더 이상 꾸지 않았다.

   왜 네가 살고 나는 죽는 거야라던 빨간 눈이 꿈에 나왔다.

그 눈은 오래가지 않았다.

같은 해 가을

불과 2m도 떨어지지 않은 거리에서 두 다리가 덤프 오른 앞바퀴에 깔려 터져버리기 전 나를 보던 눈과,

영원의 시간을 두고 터져버려 세상의 모든 소음을 집어삼킨 눈으로 변하고,

눈의 눈물이 내게 꽂힌 이후로 바뀌었다.

같은 해 겨울

사랑에 아픈 여성이 다 찢어진 옷의 일그러진 몰골과 피로 절은 눈으로 바라보던 절규가 왜 나를 쫓아왔는지 도무지 이해 못했지만, 그 눈이 꿈에 나타나 나를 따라다니기 시작한 후로,

그 눈과 그 눈과 그 눈과 그 눈과 그 눈을 꿈에서 차례로 만났다.

초등 4년 오토바이 사고로 몸통에서 분리된 머리에 박혀 있던 눈이 나에게 달려와 살려달라 매달리던 아우성을 꿈에서 만났고,

초등 6년의 봄 헬멧을 쓴 경찰을 만나기 전, 대학생이 나를 바라보던 눈과 그 대학생이 경찰에 맞아 피를 토하고 흘리며 나를 바라보던 눈을 꿈에서 본다.

그 후로

살아있는 자들의 눈들과 죽기 직전의 눈들과 죽은 후의 눈들과 존재가 아닌 자들의 눈들이 내 마음에 무수히 꽂힌다.

그들은 말하고 나는 본다.

무엇을 할 수 있겠는가.
사람의 눈을 본다.
동물의 눈을 본다.
존재의 눈을 본다.

조성진이 연주하는 리스트의 위안을 들으며 블루마운틴을 마신다.

갈구하던 눈동자들에 맺혀 있는 외로운 마음을 눈물 맺힌 마음으로 바라본다.

낭만적으로 민주주의여 만세

라벨Maurice Ravel 죽은 왕녀를 위한 파반느 Pavane pour une infante défunte를 들으며 hawaii kona cansino farm extra fancy를 마시다.

황금시대를 끝내며
느려지고픈 파반느는 낭만풍에 느와르가 스며 신파에 젖으면
실내는 라벨의 죽은 왕녀를 위한 찬미로 울려 퍼진다.

한 권이든 수레든 트로이 목마만큼의 것이든 의미가 있겠는가.
바람이지.

바라보는 세상이 아득히 풍부하고도 여유롭다.

목마든 당나귀든 상관이 있겠는가.
황금시대를 반추하는데.

하물며 숙녀든 나타샤든 무슨 상관이 있겠는가.
새로운 파도는 이미

철학 없는 표현 - 망상으로 도덕심 혹은 죄의식 없는 자아의 과잉에 직결되어져 논리를 이길 수 있는 유일한 무기인 비논리와 비아냥에 더해진 이중 잣대에 추락하는 상식의 세련되고 잔인한 도구인데.

박인환은 알고 있었는가.
백석은 알고 있었는가.

그리울 세상 가져본 적 없었음에 회상코자 오로지 신기류일지라도

한 덤프만큼의 책이 도움은 되는구나.
낭만파적 회귀는 오롯 귀하들에게 다가가니.

간절한 낭만과 표현의 갈구는 어디에나 있음에

폴 발레리를 그리워하며 바닷가에 눕고 파도 바다는 멀리 있고,
 스테판 말라르메를 그리워하며 장자를 끼워 맞춰 보는데 소풍 가기엔 덥구나.

아르튀르 랭보처럼 걸어나 볼까.
데워진 자외선이 살을 태우는 모래는 아닐지니
소풍 가는 셈 치고 목마를 타고 갈까. 당나귀를 타고 갈까.
비가 오는가. 눈이 오는가. 바람이 부나.
미라지는 없는데.

빈 공간 뜨거운 열기는 알함브라를 추억하며
느리게 낭만파적 황금시대를 그리워한다.

어떻게 할 것인가는 어울리지 않는다, 황금시대에.
무엇을 바라는가.

중얼거린다. 민주주의여 만세.
지쳐버린다. 민주주의여 안녕.

하니 에드몽 드 폴리냑이 웃는다.

그래 중얼거린다.
　천박한 금권의 공명이 꿈꾸는 공포의 세상이 황금시대라면 기꺼이 외로운 길을 가겠다.

그리고 엑스트라 팬시를 마시며 죽은 왕녀를 위한 파반느를 듣는다.

그래도 소풍을 가고 싶은데.
마추픽추로 갈까.

파반느

포레Gabriel Fauré 파반느 Op.50 Pavane Op.50을 들으며 jamaica blue mountain clifton blue mountain을 마시다.

　　하늘은 거뭇하고
　　블루마운틴은 무겁다.
　　라벨을 생각하다, 포레의 파반느를 듣는다.
　　피아노를 들으며.
　　관현악을 들으며.
　　합창을 들으며.

　　비가 오려나.
　　미술관 내 작은 시멘트 반 풀 반 마당은 덥다 헉헉거리는 갈라진 논.

　　　낭만적 춤추며 탄산와인으로 목축이며 웃음 영원하리란 시대가 있었나. 문득
　　　터트려 본 적 없는 샴페인을 추억하며 퍼넣은 아이스크림 5리

터 통 빈 소리와
　　마당에서 전쟁을 치루는 개미들과 사투에서 죽어 나가는 다른 개미들을 보며,

　　파반느의 합창이 마음에 박히는구나.

　　있어 본 적 없는 황금시대가 도래할 수도 있음을 알기에
　　내 마음에 박혀 버린 기억들로
　　파반느를 추며
　　낭만풍으로 샴페인을 마실 수도 있을 황금시대를 추상하며
　　가랑비에 만족할 수는 없기에
　　비가 내리기를 바라지만

　　우습다.

　　민주주의여 제국의 파반느를 그리워하고
　　노예 목화밭을 낭만이라 여기고
　　2등 시민과 노예 피눈물로 이뤄진 황금시대 그 시절을 우아하게 바라보니.

　　바짝 마른 공간에는 더 타버리도록 비가 찔금 내렸다.

비 오는 노래가 공간을 마음한다
(부제 - 대화 혹은 상담)

베토벤Ludwig van Beethoven 작품 106. 하머클라비어. 피아노 소나타 29번 내림 나장조. 3악장 매우 신중하고 무겁게 한결같게 끝까지 Piano Sonata No.29 in B Flat Major Op.106 hammerklavierr III. Adagio sostenuto를 들으며 jamaica goldcup blue mountain을 마시다.

    들이치는 불협화음의 단어들을 조합한다.

    긴 이야기 후 잠시의 고요는 평화로웠다. 폭풍이 몰아칠 것이다.

    목마름에 갈망하지만 마실 수 없는 바닷물에 절어버린 눈동자가 주시한다.

    삶이 무엇인가.

    바라보는 삶과 사는 방식의 사이에서
    비 오는 노래가 공간을 마음한다.

베토벤의 하머클라비어. 3악장 매우 신중하고 무겁게 끝까지 듣는다.

블루마운틴을 마시며 마음이 공간하는 노래가 비와 추는 공허를 허무한다.

삶은 여행이다.
삶은 어디에도 도착하지 않는다.
삶은 죽음에 닿았다.
죽음은 끝이 아니다.
과정에서 완전함은 길을 잃고 완벽함은 눈물 흘린다.
그것은 허무의 문득이며 찰나는 공허를 깨우나
공간은 비 오는 노래에 흔들리는 마음을 가지고도 있다.

따뜻한데 따뜻할 수도 있고, 차가운데 차가울 수도 있겠지만
따뜻한데 차가운 관계와 차가운데 따뜻한 관계에서 길을 잃을 것이다.

선을 놓고 보자면
악마의 선은 우리에게 악마 짓을 하는 것이다.

살아야 한다가 아니다. 걸어가야 한다가 아니다.
나아가야 한다.

선과 악의 어디쯤에 있을 것임을 인지하고 삶은 비밀과 암시와 은유와 서술과 진술의 어디쯤에 있음을 인정하고 그것이 삶임을 이해해야 한다.

삶의 그다음에 무엇이 있는가.

비밀은 홀로 암시와 은유 그리고 서술과 진술 그리고 암흑에서 존재하는 것이다. 밝혀지기를 바라면서.

비가 온다.
바람이 분다.
나아가야 한다.

풍경소리

리스트Liszt Ferenc La Campanella를 들으며 차가운 chai를 마시다.

    바람 부는 공간을 보며. 곧 쏟아질 것 같은데.

    2024년 5월 15일 19시 14분 폭우가 시멘트 바닥을 부술 기세로 퍼붓고.

    리스트의 라 캄파넬라가

    테이블에 놓인 차가운 짜이도 잊고,
    거목을 흔드는 바람과 유리창 번들거리게 퍼붓는 비에 여기가 어디지.
    우두커니 옆에 있어 준 스피커를 튕겨 나와 마음과 몸을 두들긴다.

    순간
    작은 종을 타고 비를 비켜,

바람에 넘실대며

먼 데보다 멀리 가 있는 갈구를 다독이며, 있어야 할 곳이 어디인가 그것은 진정 욕구인가. 희망인가 눈 붉도록 들여다보는 그 새

겹을 지났을까.
가만히 유리 너머 곁에 있었던 정원의 등빛이 반짝이며
모두는 갈 길로 가고 있다.

작은 종소리들을 기억하며,
공간에서

갈 길을 가고 있는 너희를 바라보며 차가운 짜이를 마신다.

감미롭다.

이해

헨델Georg Friedrich Handel opera Acina HWV34 ActII Verdi prati. concerto for oboe d'amore strings & b.c, Larghetto를 들으며 costa rica tarrazu를 마시다. - 명함 교환 후 문자를 보내다.

따라주를 마시는데 하늘 마른번개 두어 번 치더니만 폭우가 내립니다.

그때,
헨델 알치나 중 오보에의 푸른 초원이 생각났습니다.

왜지.
비 오는 사이를 보며
오보에의 알치나. 사랑의 협주곡을 듣습니다.

비와 푸른 초원과 오보에 그리고 바소와 무엇이든 이어질 라르게르토.
어쩌면 필요할 라르고에 빠지지 말고.

명함을 교환했던 사람에게 편지를 보냅니다.

안녕하세요.

저는 고교시절 문득 이런 느낌 - 태양을 가득 향유한 어둠이 암각된 밤을 사랑할 수밖에 없음 - 을 인지한다는 것은 외로움 또는 고독을 운명으로 이해한다는 것일 것입니다.

삶은 언제나 현실인데 추상처럼 여기는 건 그만큼 하고 싶은 것에 대한 관계 정립 때문이라 여깁니다.

늘 행복하시기를 진심으로 바랍니다.

내가 여기에 있으면 추상이든 바램이든 현실이든 그 또한 여기에 선, 있는 내가 가지는 감정일 테니까요.

웃는 모습이 있게 되어 다행입니다.

- 이 문자는 명함 교환 후 보내드리는 안부문자입니다.

비가 멈추고
번개 치면 덜컥하는 공간을 봅니다.

변한 건 많다. 하지만 나는 변하지 않습니다.
변할 수 없습니다.

헨델 알치나의 푸른 초원에서 느긋이 사랑의 협주곡을 들으며 비에 젖은 마당에서 습기로 채워진 공기를 호흡합니다.

환상을 현실에 투영하여 살고 있습니다.

나의 길입니다.

기괴한 사실은

하이든Franz Joseph Haydn의 Piano Trio No.33 in Gminor, Hob.xv, N0.19 Op.70 No.2; 1. Andante - Presto를 들으며 equador galapagos el cafetal을 마시다.

　　백설기 가루로 덮인 파타고니아 등성에서 바라보는 세상은 어찌나 아름다운지

　　여기서 살고 싶은데 그 삶을 견딜 수 있을까.
　　무엇을 견딜 수 없는가.
　　세로 토레에 비할 바인가 하니

　　저기
　　요르단 사막으로 사우디가 보이는 돌산에서 마주친 황량한 수도사의 모습에 눈물 흘리는 나를 보는 내가 마음 아파
　　여기서 내가 견딜 수 있을까.
　　아라비아 사막 가운데 서 있는 노마드에 비할 바인가 하니.

여기

물과 얼음의 번들거리는 북해 소금끼 가득 청량하고도 소름 돋는 세상에서 내가 무엇을 하고 있는지 여기서 내가 견딜 수 있을까. 하니.

아름다운 호수가 찰랑이며 더 아름답게 노을 지는 알프스의 눈이 시리도록 맑은 할슈타트의 거리에서 이것은 내가 견딜 수 있을까. 하며 바라보는 온통 검은 숲이 그토록 무거운 고독으로 다가올 줄이야. 이것을 내가 견딜 수 있을까. 하며 바라보는 온통 은파 일렁이며 귀상어들이 마주하는 어둡고 깊은 눈동자들이 잘려진 모카는 내가 견딜 수 있을까. 마주선 휘황 네온과 세상사 사람들을 다 불러놓았을 뉴욕은 내가 견딜 수 있을까. 나는 어디에 있어야 하며, 어디로 가고 있는가. 외로움과 고독과 갈구와 의지와 호기심과 두려움이 굴러가는 세상에서 나에게 필요했던 것은 사막을 목숨 걸고 걷는, 바다를 목숨 던지고 가로지르는, 찬란한 훈장의 휘장마냥 은색으로 빛나는 바퀴와 두 다리로 세상을 일주하는 것이 아니었음을.

내가 나에게 더 관대하고. 나를 더 사랑해 주는 것이었음을 알았다면.

기괴한 욕심과 이기로 가득한 세상이 또한 인간의 길이었음을 받아들일 수 있었을까.

여전히 찾고 있을까. 하니.

에스메랄다 농원의 꿈같던 아름다움이 기억될,
루체런의 호숫가에서
하이든의 피아노 바이올린 (혹은 플룻. 여기서는 바이올린) 첼로를 위한 피아노 삼중주 제33번 사단조 호보켄 15 작품 19. 70번째 출판된 작품 중 2번째 제1악장 (천천히 걷는 빠르기 즉) 느리게에서 아주 빠르게를 바라보며

하릴없이 보던 백조를 기억한다.

나의 열정은 그렇고
나의 마음은 불타고
눈은 물로 가득하다.

견딜 수 있을까.
너희를 견딜 수 있을까. 하며

갈라파고스를 마시며,
공간의 비내림을 듣는다.

견디어야 한다. 중얼거린다.

기괴한 사실이다.
사실은 기괴하다.

아내의 거리 그리고 아내가 들어선 공간에서

베토벤 피아노 협주곡 4번 사장조 58번 2악장 활기차게 천천히. piano Concerto No.4 In G Major, Op.58-II. Andante con moto를 들으며 puerto rico yauco selecto를 마시다.

    마지막 아우코 셀렉토를 드립해서 앞에 두었습니다.

    가득한 아우코 셀렉토의 데미타세 2잔.

    아내가 화가 난다고 한다.
    그리고는 책을 읽는다. 걷는다. 그림을 그린다.
    누구에게 용기를 주는 말 - 이를테면 영감에 관한 이야기를 - 한다.

    아내는 화가 너무 난다고 한다.

    베토벤의 피아노 협주곡 4번 2악장을 듣는다.
    당장 비가 내리쳐도 어색함 없을 공간은 어둡고 창백하다.

스산함으로 젖어 있는 늦가을의 힘 잃은 낙엽들이 마당에 무람하다, 무람없다의 어디에서 나뒹굴고.

화가 난다는 아내를 보며 길을 보며
화가 나는 이유를 듣는다.

오래전 승리의 찬가가 퍼지는 밤의 강가에서 눈물 흘린 그대로의 초상[1]이 아내에게서 보인다.

---

1   시 〈젊은 날의 초상〉

"물을 봐"
짙푸른 강물은 점점이 철새를 띄워놓고
다리 위의 그림자를 받아준다.

사랑하는 것은
사랑을 받느니보다 행복하나니라 (유치환 행복에서 인용)
"그래 우리의 물음은 온갖 행복을 위한 것이지"
저 강물을 한 번 봄에
사랑을
우정을
고뇌를

"거짓말도, 속임도 없을까. 지금 이 시간에"
그런 물음은 의미가 없어.
"내게 용기를 죠"
그리운 이여 그럼 안녕 (유치환 행복에서 인용)

짙은 구름은
어스름한 바람이 부는 저녁을 이끌고

그 후

공간에서 길을 찾았고
사람에서 길을 찾았고
의지에서 길을 찾았고

자동차와 집들의 불빛은 영화 속의 그림이 된다.
"사랑이 무언데"
늘
물음은 원초에다 맞춘다.

지나가는 차들의 시선
복종하고 싶은데 복종하는 것은
아름다운 자유보다도 달콤합니다. (한용운 복종에서 인용)

낭만적인 분위기란 이런 걸 의미할까.
을씨년스런
가로등과 긴 줄기 나무와 잎새와
밤의 거리를 위한
전주곡. 발걸음.

죽음의 둔주곡. 마야코프스키.
어머니. 아 어머니.
저를 잡아주세요.
이리를 그려 볼 수 있을 양은 풀이 맛있을 거야.

오랜 동안의 명상은 촌음도 아껴
다시는 오지 않을 이 시간을 새기기에
지쳐버렸다.

- 사랑과 우주의 평화를 위해
- 1987년 6월 29일 밤에

꿈을 꾸었다.

길을 찾기 위해 길을 걸었다.

나는 행복하고 싶었다.[2] 그 간절함이 아내에게서 보인다.

---

2 시 〈고요의 지평〉

쿠바 앙콘 어디쯤의 카리브.

하늘과 바다만 보이는 파도에 머리만 내밀고 바라다보는
세상이 어찌나 암담하고 참담하고 잔혹한지,
내세워 맹서했던
호기로웠고
철학적이며
본능이었던 기억은

공허와 허무로 채워져 마비돼 버린 몸은
버거워 버둥거리고

까마득히 들어오는 깊은 바다의 어둠은 진정
참담, 잔혹이었고.

그때.
바다와 하늘이 닿인 곳이 어찌나 아름답던지.
그 모순된 감정을 고스란히 받아들일 쯤

모든 것이 준비되었으니 평화로웠다.
이런 눈물은… 두 번째였다. 내가 일곱 살.

준비되었다.
그때.
이보다 더 짙고 모든 것을 흡수하누나 여길 검은이 다가왔고

세상은
두 개로 나눠졌다.
티끌과 나머지 전부.
내가 인식하며 살고 있는 미세한 여기와 인식 너머와 모든 것을 향유한 거기.

일곱 살
인지하지 못하고 거기에 살기로 작정하고 여기로 나와버렸다.
그리고 카리브에서
알게 되었다.
내가 그렇게 살아왔음을.

선택을 해야 했다가 아니다.
선택되어졌다.
일곱 살 때는 내가 선택했고
지금은 선택되어졌다.

그리고 이십 년이 일렁였다.

바다와 하늘이 닿인 공간은
우주의 끝과 끝이 닿인 듯 공간의 지평처럼 느껴졌으며.
이후.

나는 그 지평의 너머. 지평을 보고자 했다.

끝이 없을 끝의 지평.

나는 그 고요의 선에서
에스메랄다 게샤를 마시며 너머를 바라본다.

이토록 고독하다. 고요한 자유.

그리하여 자유의 고요.

나를 본다.

그 감정을 비 오는 마음에서 발견했고 거리에서 느꼈으며 그것이 어디에도 어디에나 있을 수도 있음을 느꼈다.

나는 비 오는 거리를 서성이기로 의지했다.[3] 그 선택이 아내에

---

3   시 〈비 오는 거리〉 - 행복의 이해

비가 온다.

나는 에스메랄다 게샤를 마시며 바라본다.

무엇을.
그래 우리의 물음은 온갖 행복을 위한 것이지.
그 밖에 무엇 때문이겠는가.

행복이 뭔데.

질문에 답하기 위해 비 오는 공간을 바라본다.
공간은 비의 물방울로 듬성듬성 빼곡 채워지고.
땅은 튕겨진 방울의 물로 어수선하다.

선과 악이 뭐지.
기준이 뭐지.
무엇이 선이며, 무엇이 악이지.
그것에 진정으로 정직하게 답할 수 있다면 행복이 무엇인지. 알 수 있을 거야.

파랗도록 정직히
어둠과 빛은 무엇이며
거짓과 참은 무엇이며
진실과 사실의 차이는 무엇인지를 스스로에게 이야기할 수 있다면,
행복이 무엇이니, 무엇으로 행복한지, 행복의 범주는 어디까지인지를 이해할 수 있을 거야.
거짓말로 속임도 없을까. 지금 이 시간에.

게서 보인다.

그것은 열정이고, 누구에게도 강요할 수 없지만

그 길에서 만난 여인에게 이야기했고, 같이 가자고 했다. 아내

그런 물음은 의미가 정말로 없어.
늘 물음은 원초에다 맞추어도 파생된 의구는 결국 왜곡되어지는 것이다.

왜.
몰라서. 아파서. 다치기 싫어서. 얻고 싶어서. 이기고 싶어서. 지배하고 싶어서.

아무것도, 지나가지 않는 없는 텅 빈 마을의 골목길.

비가 오고. 비의 방울 그 물이 채워지니 공간을 가지고, 또 마을의 집들이 서너 채나 보이고, 담이 있고, 나무들이 있고, 산이 보이며, 하늘이 보이는 골몰의 길을 바라보는 나는
텅 빈이라고 말해버리잖아

봐.
행복이 뭐니.
행복의 기준이 뭐니.
행복의 한계가 무엇인지 아무리 알고 있고 이야기한들 이토록 행복이 그리운 것이다.

봐.
행복이 이토록 아프다.

나는 비 오는 날
적셔지는 거리를, 텅 빈이라고 간주해 버린 조그만 동네 골목길과 하늘과 산을 바라보며
에스메랄다 게샤를 마시며
행복에 대해 생각한다.
나의 행복에 대해.
너의 행복에 대해.

아… 나는 진정 행복하구나.
에스메랄다 게샤를 마시며 내가 나도 모르게 중얼거렸다.

는 같이 가자고 했다.[4]

나의 길을 걸을 나처럼.
너의 길을 걸을 너처럼.
우리의 길을 걸을 우리처럼.
탱고를 추며 바라보며
왈츠를 추며 우주하고
명상을 사유하며 공간이 되기를 본능했다.
나는 아내의 남편이 되었다.[5]

가득한 향수
인간의 의지. 예술의 의지. 충만한 기억을 향한 향수의 열정[6]이 아내를 채운다.

가득히 채워지고 또 비우고 채우고 비워야 할
공간의 시간이 여전히 가득히 공간에 있기에[7] 서로를 곁에 두고

---

4 시 〈열정〉 - 이 시집에 수록되어 있음
5 시 〈당신과 왈츠〉 - 이 시집에 수록되어 있음
6 시 〈에스메랄다의 향수〉 - 이 시집에 인용으로 등재되어 있음
7 시 〈아직도 들리는 것만 같아〉 - 이 시집에 수록되어 있음

끝없이

세상을 들으며

공간을 바라보며

시공을 걸어가기.[8]

공시의 시와 공에서 우리의 삶을 이야기하자.[9]

---

8   시 〈아다지오〉 - 이 시집에 수록되어 있음
9   노후 계획과 딜레마

나는 65세 너머 사회 (노인) 기초연금으로 살 수 있기를 바란다.

(누구는) 이상하게 들리겠지만 최선을 다해, 나는 살아왔다.
오죽했으면 이런 규칙을 정할 정도이다.

귀하가 내 친구가 되고 싶다면
아래의 5가지를 모두 충족시키거나, 혹은 다른 하나를 충족하라.

1. 괜찮은 대학을 졸업하고 좋은 대학원에서 박사 학위 하나쯤 가지고 있을 것.
2. 최소한 190개국 이상 관광이 아닌 경험해 봤을 것.
3. 공간에 대한 이해를 가질 것. (이론적으로는 이해하는데 경험은 못해 보았다는 몽매한 소리 집어치우고)
4. 최소한 철인경기 하와이안 코스를 12시간 59분 59초 이내로 완주한 적 있을 것. 혹은 사막을 혼자서 700km 이상 걸어본 적 있을 것. (생존 말고 실존을 위해서 - 경기와 걷기를 다 해본 자라면 더 좋고)
5. 친구가 필요 없는 자.
혹은
1. 귀하는 착하고 또 겸손한가.

라며 떠버릴 정도이니 그것이 딜레마다. 그래서인가 나는, 인간적 친구가 없다.
그래도 삶을 내 방식으로 최선을 다해 살았으며, 살고, 살아갈 내게 인간적인 다른 규칙이 또 있다.

화가 난다며,

열심히 책을 보고

그림을 그리고

걷기를 하며

뭔가를 더 하려는 아내를 바라본다.

---

1) 가지지 말 것.
2) 이름 얻으려 하지 말기.
3) 그리하여 더 청렴히 살기.
4) 누구도, 무엇도 아닌 바로 나의 지성과 감성에 부끄럽지 않을 존재가 될 것.
5) 야채닭죽과 단무지를 먹으며 적당히 노동하고 죽도록 공부하기.
6) 진심으로 필요한 자에게 나의 재능을 나눠주기.
7) 공간에서 살기.

포괄적 딜레마다.

그럼에도 내게는 커피가 있다. 그리고 다행히도 내가 사랑하는 아내와 아이가 나의 가족이다. 그리고 내가 있다.

그 딜레마에서 긴 단어들의 나열을 했다가 지운다.
내가 가진 인류애 때문이다.

블루마운틴을 마시며 아무것도 보이지 않는 어둠이 가득한 들판을 바라본다.
무겁도록 부드럽게 내 영혼을 위로할 커피가 내게 있구나.

버리면 그만인데.

인류애적 긍지와 대감성적 자부심 가득한 내가 딜레마의 본질이다.
어떻게 할 것인가.
딜레마는 알고 있다는 것이다.

움켜쥘까. 놓을까.
가질 필요 없음도 할 필요 없음도 알고 있다.
그럼에도 의지하는 것은 본능.

여기의 무소유는
거기의 소유
거기의 시공이 여기의 공간으로 표상.

그것이 향수이며
그것이 열정이다

화가 난다며, 더 열심히 책을 읽고 더 열심히 명상을 하며 더 열심히 운동을 하며 더 열심히 그림을 그리는 아내를 바라본다.

길이 앞에 있다.
아내의 시간이 앞에 있다.

우리는 베토벤의 피아노 협주곡 4번 사장조 58번 2악장을 들으며
아내가 고독히 대하는 세상과 화음이 펼쳐질 공간을 보며

그것이 영감이며

그것이 열정이며

그것이 의지이다.

아우코 셀렉토를 마신다.

대가에 공간에 들어선 아내를 본다.

메모리 오브 러브

유키 구라모토 yuhki kuuramoto memory of love를 들으며 yemen mocha matari를 마시다.
- 소설 <나는 사랑을 하고 싶었습니다>[10]에서 발췌.

---

10 소설 <나는 사랑을 하고 싶었습니다> 발췌

사랑을 하고 싶었다. 아니다.
나는 기억을 가지고 싶었다.

당신과의 에스프레소 (이 시집에 수록됨)

아름다운 바다가 펼쳐지는
고귀한 테라스에서
에스프레소를 마시고 있습니다.

부드럽게 일렁이는 파도
반짝반짝 춤을 추는 햇살
이국적인 잎새의 나무들
모든 귀가 쫑긋 선 고양이
그리고
무섭게 달려드는 모기들

마저
로맨틱한 풍경의 시간처럼
추억의 또아리를 가져다준
에스프레소

그 쓴 한 모금

노래하는 바다
유혹하는 태양

고즈넉한 정원
샘 많은 고양이
그리고
갈구되어진 피

마저
충만한 공유의 시공처럼
기억되어질 그 공간에서

나는 당신만을 보았습니다.

그렇습니다.
나는 사랑을 하고 싶었습니다.

내가 사람을 사랑하고 싶었는지, 사랑을 사랑하고 싶었는지는 모르겠습니다.
나는 사랑을 한 기억을 가지고 싶었습니다.

사람을 사랑하는 기억을 가지고 싶었는지, 사랑을 사랑한 기억을 가지고 싶었는지, 또는 사랑을 하고 싶었는지 모르겠습니다.
나는 사랑을 하고 싶었습니다.

안녕하세요.

나는 사랑을 하지 못할 것이다 여겼어요. 기억나세요? 그래요. 나는 사랑을 하지 못할 것이 확실해요. 그런데 나는 당신을 사랑하는 것 같아요. 그런데 나는 사랑을 하지 못해요. 같은 곳을 바라보고, 같이 음식을 먹고, 같이 걷고, 같이 우산을 쓰고, 포옹을 하고, 같이 자고, 같이 깨어나고. 나는 어릴 때부터 사랑을 하지 못할 것이라고 생각했어요. 사랑을 가지지 못할 것이다 생각했어요. 사랑을 나는 가지지 못했어요.

같은 곳을 바라보았고, 같이 있었고, 같이 무섭게 달리는 차 안에서 세상에서 가장 아름다운 노을을 바라보았고, 같이 라면을 먹었고, 같이 세상에서 가장 맛없는 낙지볶음을 먹었고, 같이 비자림을 걸었고, 같이 잠을 못 자고 밤을 지새우며 서로를 생각했고, 같이 강을 보았지만, 다른 약속을 했고, 다른 것을 바라보았고, 다른 생각을 했고, 다른 질문을 했고, 다른 대답을 했고.

사랑이 무엇인가요.

기억이 없는 건지 나질 않는 건지.

마타리를 마시며 사나를 기억할 때

여전히 자기중심적인데.
내가 이기적인가요.
아니요.

당신은 어디에 있나요.
나는 여기 있어요.

기억이 없는 건지 나질 않은 건지

모카를 마시며 사나를 기억할
그때

음악이 나오면 파블로프의 습관처럼 맺히며

기억해 내는 것이다.
언제나
절정의 건반이 공간을 채울 때 하염없이 방울은 볼을 타고 내릴 것이니.

사랑이었나. 사랑이었는가.
내밀어지는 손에 잡히는 한없이 가벼운 공기의 감촉에

알게 되는 것이다.

기억이 없는 건지 나질 않는 건지.

그런데
왜 눈물이 흐르는 건지.

찬찬히 창밖을 보며 차마 닦지도 못하고 공간에 우두커니.

들리는 메모리 오브 러브는 파블로프의 습관처럼 맺히며

기억해 내는 것이다.
언제나
절정의 건반이 공간을 채울 때 하염없이 방울은 볼을 타고 내릴 것이니.

사랑이었나. 사랑이었는가.
내밀어지는 손에 잡히는 한없이 가벼운 공기의 감촉에

알게 되는 것이다.

기억이 없는 건지 나질 않는 건지.
그런데

왜 눈물이 흐르는 건지.

공간을 보며 우두커니.

눈물

베토벤Ludwig van Beethoven 9 Variations on a March by Dressler in C Minor, WoO 63 : Theme & Variations Maestoso, I-IX. 드레슬러의 행진곡에 의한 9개의 변주곡 다단조 WoO 63 장엄하게를 들으며 rwanda isimbi를 마시다.

맑은 이심비를 마시며 눈물 흘린다.

아이는

책임감이 강하다. 인내심이 강하다. 맑다. 지고 싶어 하지 않는다. 베풀 줄 안다. 선물하기를 좋아한다. 구김살이 없다. 자기가 통제 제어할 수 있다고 생각한다. 자신감이 있다. 무엇이든 시도한다. 관대하다. 크다. 세다. 사랑받고 있다. 사랑받고 있음을 안다. 부모를 사랑한다. 자신이 부모를 사랑하고 있음을 안다. 사랑이 무엇인지를 안다. 착하다. 머리가 좋다. 잘생겼다. 거짓말을 하지 않는다. 빛이 난다. 사람이 모인다. 그것을 안다. 자랑하지 않는다. 그리고 관계를 통제할 수 있다고 여긴다. 모든 아이들이 자신처럼 사랑받고 있다고 생각한다. 자신처럼 아이들이 그럴 것이라고 여긴다. 자신처럼 다른 아이들도 양보하고 기다릴 줄 안다고 생각한다. 순진한 것이 아니라 순수하다. 그런 것이 사랑이라고 생각한다.

    사랑과 인내 그리고 책임과 책임감의 사이에서
아이에게 화를 내었다.
나는 눈물 흘린다.

    지금 나를 위로해 주는 건 베토벤 드레슬러의 행진곡에 의한 변주곡.

    장엄하게.
미술관을 가득 채우는 피아노의 음.

    장엄하게.
아이에게 어떻게 설명을 해야 하는가.
    대부분의 아이들은 사랑의 결핍과 대화의 부재로 인해 얼마나 외로워하고, 힘들어하는지, 사랑받고자 거짓말을 하고, 가식으로 꾸미며, 사랑을 얻기 위해 이기적으로 행동할 수도 있음을 어떻게 설명해야 하는가.
    설명하고 싶지 않다.

나는 아이에게 화를 내고 말았다.

그것은 관대한 것이 아니며, 그것은 아이가 통제할 수 없는 것임을 어떻게 설명할 수 있는가.

이기적이며, 악랄한 짓을 한 어떤 존재 때문에 나는 왜 관대하고, 이해해 주려 한 아이에게 화를 내고 말았는가.

나는 왜 그런 아이와는 거리를 두라고 말할 수밖에 없는가.

누구 탓인가.

그것을 바로 잡기 위해 설명해야 한다.

사회와 인간과 관계에 대해서.

나는 눈물 흘렸다.

내 아픈 마음을 이해한 아이가 나를 꼭 안아준다.

내게 거짓말해서 미안하다고 말한다.

거짓말하지 않는 아이가,

자신이 통제할 수 있다고 여기고 한 행위에 대해 나에게 미안하다고 사과한다.

아이는 누구 때문에 거짓말했는가.
무엇 때문에 거짓말했는가.

그 마음을 아니 마음이 더 아프다.

나는 눈물 흘리며 아이에게 말한다.
이기적이며 사랑받은 적 없는 아이이기에 그런 아이와는 거리를 둬야 한다.
이미 너는 그런 아이 때문에, 네가 통제할 수 있다고 여겼던 상태가 걷잡을 수 없이 커져 버려 고통받은 적이 있으며 지금도 그렇잖아.
사랑받은 적 없는 이기적인 아이는 오로지 받기만 하고, 독점하려고만 한다는 것을 너는 알고 있어야 한다.

나는 눈물 흘리며 부모에게서 사랑받은 적 없는 그래서 더 이기적인 아이들을 멀리하라고 아이에게 말한다.

나는 네가 다치는 것이 영원히 싫을 것이다.

네가 조금 더 자라, 스스로가 완전히 의사결정을 할 수 있을 때까지는 너의 관계에 대해 나는 개입할 수밖에 없다.
이해해다오.

라고 나와 아내는 아이에게 말했다.
미안하다. 너에게 화를 내어 미안하다.

네가 어쩔 수 없이 거짓말을 한 것을 이해하기에 나는 더 미안하다.
그 거짓말을 왜 했는지 알기에 나는 더 미안하다.

스스로 통제 제어하려 한 너의 노력을 내가 모르는 것이 아니지만, 그것은 지금은 불가능하다.

왜냐하면
사랑받아 본 적이 없는 아이는
너의 그 빛나는 외모, 찬란한 아우라. 너를 따르는 아이들을 알기에 너를 독점하여 사랑받고 싶어 하기 때문이다.
수단과 도구로만 여기려 하기 때문이다.
그 결말이 어떠했는지 너는 이미 알잖아.
어떤 아이의 완전한 거짓말이 어떤 식이었는지 너는 알잖아.

나는 눈물 흘리며 아직은 너의 부모인 나하고 엄마가 개입할 수밖에 없음을 네가 이해하기를 진심으로 바란다.

사랑이란 무엇인가.
사랑을 갈구하는 아이들은 내가 어릴 때도 그리고 지금에서는 여전히 외로워하며, 더 이기적이고 소시오, 싸이코처럼 되어가며, 수가 불어나고 있다.

가정교육은 슬퍼지고
공교육은 정상적인 때가 없었다.

너희는 그것을 알고 있다.
하지만 그것이 편하기에 그렇게 놓아둘 뿐이다.

나는 눈물 흘리며 아이에게 말한다.
그것은 네가 통제할 수 없는 상태로 가게 되어 있다.
야만이 입혀져 있는 미성숙의 독점이 추구하는 방향의 끝은 정해져 있다.

나는 베토벤의 드레슬러의 행진곡에 의한 변주곡 다단조 WoO

63을 들으며

밖을 본다.

WoO와 Op의 경계는 무엇인가.
나는 어디에 있는가.

나와 아내의 아이를 생각한다.

삶

바흐 관현악 3번 2악장 air를 빌헬미 아우구스트에 의해 편곡된 G선상의 아리아. BWV 1068. orchestral suite no.3 IN D major. chapter 2. air. arrangemen August Wilhelmj AIR (ARIA) on the G stirng을 사라 장 바이올린으로 들으며 papua new guinea를 마시다.

그 무렵 사라 장이 한국에서 연주를 하면 나는 언제나 제일 앞쪽 중앙 통로에서 왼쪽 2번째에 앉아 연주를 들었다. 그 무렵 젊은 연주자의 애매한 실수로 커버링한 직후, 사라 장과 눈이 마주쳤을 때, 싱긋 웃던 모습을 여전히 추억한다. 빨간 장미 열 송이를 들고 있으니, 내 것이냐 눈으로 묻기에 고개 끄덕이니, 활짝 웃던 사라 장의 바이올린으로 G선상의 아리아를 듣는다.

    류가 귀에다 야옹 일어나. 간식 줘
    떠진 눈의 의미는
    하루를 더 살 수 있게 되었다는 것이다.

오늘이었던 기억이 있는 어제는 내일은 다른 삶이기를 바라며 노력하고 명상하며 기다렸던 그 내일이 오늘이 되었고,
    오늘도 어제 바라던 내일의 오늘과 같은 오늘이기를 바라며 류

를 쓰다듬으며

  내일과 어제를 기억한다.

  한결같은 삶이기를 바라기에

  어제 흐트러짐 없이 내일이 그 오늘이 되도록 한 호흡도 신경 세워 들숨과 날숨을 가다듬어 단어를 정제하며 하다를 멀리 두고 바스락 낙엽을 아파하며 기원했다.

  오늘이 늘 같은 다른 삶이기를.
  어제 노력하며 바라본 내일이
  새로운 오늘로 다가온

  아침에
  바흐의 bwv 1068 2악장 에어를 아우구스트 빌헤르미가 편곡한 G선상의 아리아로 보며 시그리를 들으며,

  고요하고 평온한 기온을 명상하며
  늘 같은, 내가 바라는 내일이 어제의 오늘이 되어 있기를 발원한다.

내일이 오늘이 되고 오늘이 어제가 되며 어제는 내일을 꿈꾸었던
아름다운 삶

더 자유롭게 더 강렬하게 더 우아하게 조용히 천천히 평온히
간식을 먹는 류와 지를 본다.
공간을 본다.

그런데
새벽에 잠 좀 깨우지 마.
야옹 싫어.

하루가 시작된다.
삶은 지금이다.

내가 거기에 있는 것이다.

하늘 아래에서 보는 하늘 위의 내가 보는 아래

베토벤Ludwig van Beethoven Sonata for C & P no.2 in G minor, Op.5 No.2-1. adagio sostenuto ed espressivo-allegro molto piu tosto presto를 들으며 hawaii kone greenhills extra fancy를 마시다.

내가 보는 곳이 거기임에 여기가 어디인가 하니 여기에 있는 내가 거기에서 바라보니 거기는 여기가 아니었고, 여기는 거기가 아니었다.

지쳐버리지 않을 만큼 느리게 여기를 보니
지쳐버리지 않을 만큼 빠르게 거기를 보니
가만히

나는 어디에나 있는 것이다.

하늘 위의 내가 아래 있는 나는 땅에 있는가. 띄워져 있는가 하니 아래 내가 위에 있는 나에게 나는 공간의 어디에 있는가 하니 마음을 어떻게 표현할 수 있을까라는 거짓을 생각하며 공기 사이를 흐느낀다.

빛의 세상.
무와 유의 세상에서 무엇이 있어야 하며 어떤 것이 없어야 하는가 하니.

코나를 마시며
베토벤의 첼로와 피아노 소나타 2번 사단조 아다지오의 지속 가능한 표현은 어느새 알레그로의 숨쉬기로 공간은 채워지니.

거짓으로 내 감정을 나에게 속일 이유마저도 첼로와 피아노의 소나타 2번 1악장은 나에게 이야기해 준다.
보라.

아름다운 세상이다.
더 자유롭게 더 강렬하게 더 우아하게 조용히 천천히 평온히

하늘 위에서 하늘 아래의 내가 서 있는 위를 본다.
코나를 마시며 그 비춰진 밖의 영롱한 빛.

꺼져버렸는가 하니
마음에 있는 것이다.
베토벤의 마음에도 있었듯.

조용히 천천히 평온히
더 격렬하게 더 자유롭게 더 우아하게 드러내지 않을 울림은 어디에나 있다.
눈물 나게 허망하다.

그것이 아름다움이다.

풍부한 세상에서 우아한 대화

하이든Franz joseph Haydn 현악 4중주 61번 라단조 Op.76 2번 Hob.III:76 '5도' String Quartet No.61 In D Minor Op.76 No.2 Hob.III:76 Fifths (die quinten) 3악장 Menuetto. Allegro ma non troppo를 들으며 jamaica warren Ford blue mountain을 마시다.

    통찰의 느낌, 침묵의 세상을 그리워하며

    하이든의 현악 4중주 작품 번호 61번. 라단조. OP.76-2. 호보켄 III 76. 작품 5도의 3악장 Menuetto. Allegro ma non troppo와 함께 블루마운틴을 마셔요.

    가림막 밖으로 미풍에 흔들리는 낮은 산 나무들 가지와 잎을 보며
    빠른데 지나치지 않고 우아한 느낌으로
    손을 내밀고, 눈을 감고 머리를 살며시 천천히 부드럽게 움직이며 뒤꿈치 들리고 몸이 흐느적 흐느적하고 싶은데 자꾸만 더 느려지는 기분입니다.

보세요.

하이든이 얼마나 강렬히 겸손하고 만족을 했는가 하니 머리가 오랫동안 사라졌을 만큼이니 그것은 어떤 환영이었을까요. 그것도 여정이라며 받아들였겠지요.

보세요.

이토록 재미있고도 아름다운 세상이자 역겨운 세상이기도 합니다.

보세요.

과하지 말라는 5도의 음정은 61인데 76-2이고 3의 76입니다.

복잡한가요? 이것은 누구의 세상입니까?

블루마운틴으로 5도를 마시며,

통찰의 은유와 비유와 암시 그리하여 가지게 될 각성과 이해하게 된 느낌.

하이든이 떨어져 있었던 만큼의 그 마음의 겁과 고독에 공감합니다.

이해가 되세요?

통찰이 이끌어 줄 세상과 느낌이 보여줄 침묵의 세상이 가져다 줄 이해를 위해서는 지식과 정보가 필요합니다.

그것은 무엇의 시작입니까!

엇박자인지 불협화음인지 제대로 가는지 엉망인지 헷갈리는

풍부한 세상입니다.

당신과 왈츠

하차투리안Aram Ilyich Khachaturian 가면무도회 제1곡 왈츠를 들으며
panama esmeralda gesha를 마시다.

sostenuto

가면무도회 왈츠를 들으며 에스메랄다 게샤를 마셔요.

잔뜩 흐린 기운은 그리움으로 색들고
비가 내릴까

한 모금 에스메랄다는
왈츠를 소스테누토의 세상으로 초대하며
영롱할 눈길은 영원에 맞추고.
넘실대는 공기를 머금은 빗방울을 바라보는 가슴은 벅차

SOSTENUTO

눈 떠도 펼쳐지는 그

아름답고 장엄한 에스메랄다 커피의 평원에서 왈츠를 춘 나를 그리워해요.[11]

---

11 nostalgia - 에스메랄다의 향수 nostalgia de esmeralda

갑자기 길의 색깔이 달라졌다고 느끼는 순간은
영원히 잊지 못할 것입니다.

어쩌면 앙투안 드 생 텍쥐페리를 만날 수 있을 밀키웨이.
달콤에 겨운 혀. 블랙맘바가 물은 듯, 온몸이 파래지도록 고독한 채 눈물.

저 초콜릿색 밀키웨이를 두둥실거리는가!
그토록 비현실적으로 꽉 차이고도 더 새까만 아스팔트 위.

두리번거리지도 못하고 하얀 공기를 가로지르는 어디에서

공기는 온통 더 하얀 솜사탕의 은빛.
이 놀라움이 스탕달의 마음일까 아니 더 아담하게 탁 트인 거리.

그 앞에 서 있는 문.

농원의 앞
세상은 미친 듯이 고요했고, 고여 있던 물이 볼을 따라 까만 아스팔트에 떨어집니다.
탕.

B612로 갈 수 있는 문인가!
내가 들어갈 수 있을까!

삐익. 오셨군요.

가득히 독한 느낌. 풍요로운 단절.
사방은 짙은 암영으로 드리워지고.
정말로 가는 것인가!

뚜벅뚜벅.

순간 세상은 온통 가득히 탁 트인 고원의 평.

여기구나.

아름답다. 고요하다. 평화롭다. 죽고 싶다. 내가 있다.
발의 어디는 기형, 부러진 손, 부러진 발과 발가락, 칼 맞은 배, 부러진 갈비뼈, 뭉개진 코, 뒤엉킨 골반, 끊어졌던 허벅다리 신경. 찢어진 얼굴. 내.

눈물 흘렸습니다.

천천히 잎새를 만지고 찬찬히 체리를
바라보며. 눈물마저 아프게 내 머리에 내 마음에 차곡차곡 새기고 담았습니다.

노스탈지아.
커피의 농원이 그런 곳입니다.
나의 B612.

내 아내와 아이에게 보여주고픈 모든 것.
꼭 다시 가야 할 하시엔다 데 에스메랄다.

가득한 향수.

이 마음을 가득 이야기해 주는 코헨 디 볼프 씨의 노스탈지아가 오늘 더 그립도록 에스메랄다를 꿈꾸어 줍니다.

아리송하게 아름다운 보게테.
그 거리를 아내와 아이와 내가 거닐고 싶어요.
세상에서 가장 아름다운 커피의 농원 에스메랄다.

그곳에서 B612에 있을 생 텍쥐페리와 어린왕자님을 만나고,
그곳에서 스완네 옆집에 사는 프루스트 씨를 만나고
그곳에서 또 커피를 마시고 싶어요.

노스탈지아.

뒤에는 아름다운 고택이 서 있고

앞으로 탁 트인 고원에 게샤 나무가 눈길 닿은 끝까지 펼쳐진 그날

꿈을 꾸었어요.

여기에 왈츠를 채우면 얼마나 아름다울까.

그리워하며

돌아온 세상은 나를 점점

화나게 하고

아프게 하고

외롭게 하고

잊어버릴까 숨어버릴까

열정은 냉정이 되고

냉정은 노인의 광기.

비밀의 농원에서의 약속은 멀어지고 그리움은 쌓여가고

하염없이 멀어져 가는 희망.

돌아돌아 새벽 4시 35분에 닿아 열린 문.
여전히 환한 미소로 맞이하는 아내의 얼굴.
그때 알았어요.

냉정은 어떤 그리움과 기대로 인해 닫혀버린 것의 무게인지.

그 순간은 영원은 언제나.

sostenuto.
한결같이.

아직도 들리는 것만 같아

비제Georges Bizet 진주 조개잡이 Les Pêcheurs de perles에서 La Romance de Nadir를 들으며 nicaragua maragogipe를 마시다.

오라는 비는 없고 지저분한 입에서 악취 나는 단어들만 던져진다.
대지도 불타고
마음이 불탈 즈음

비가 내리나.
목마를까, 힘들까, 매양 물 주고 별 따라 달래주는 수국을 처마 밑으로 옮기고
오후를 찬찬히 바라보려 마라고지페를 무겁게 산뜻이 내리는 사이

비가 그친다.

창에 면한 탁자에 앉아 마라고지페를 바라본다.

게다의 아직도 들리는 것만 같아 마음에 닿고

창 너머엔 아내의 바다가 담긴 회랑에서 책 읽는 꿀뽕이 있는 숲의 그림이 보이고, 감나무 보이고, 태양광판 보이고, 바래 낡은 이웃집 벽이 보이고, 연녹색으로 산을 덮은 나무들이 보이고, 허연 하늘이 보이며, 고양이 하나는 시원해진 바닥에 배 대고 누워 자고 있고, 얼루아는 자는 둥 꼬리로 장난을 치고 있는 내 귀에 보이는 비외를링의 귀에 익은 그대 음성이 들리는 것만 같아.

비가 와야 하는데

면내에서 오는 길은 하천 연계공사로 막혔고, 시내에서 들어오는 도로는 포장공사로 막혔고, 위쪽 우회도로는 수로 개선사업으로 막혔고, 마을 입구는 회관을 짓는다며 막았다. 쥐도 새도 모르게 시작을 해버렸다. 나는 쥐도 새도 아닌데 게샤를 마시며 비올까 말까 하늘을 보니 도밍고가 부르는 나디르의 로망스가 들린다.

마라고지페가 이토록 아름다움에

새삼, 나의 맛있다는 정의는 대부분의 것과는 다름에 감동받으며 고독을 느낀다.

미지근한 바람이 저녁에 불까

여기에는 종려나무가 없다.

대신에 가득한 새들이 저녁을 에워쌓고

신성하고 황홀하고 아름다운 꿈에 잠식시켜 줄 술 대신 커피를 택했고

꿈을 되새김시켜 줄 추억 대신

역경을 택했고 타협 대신

정도를 택했고 물러섬 대신

부르짖음을 택했기에 맑은 별의 빛이 아름다움에 또 고마움을 표할 무렵,

방조가 아직도 들리는 것만 같아 부르면,

앞이 얼마나 아름다울지 미래가 얼마나 환상적이고 아름다울지 알기에

지금을 더 아름답고 환상적으로 여길 수 있는 것이다.

매우 아름답고 환상적인 곳에서 살 것임을 알기에 비록 진주 조개잡이는 아니어도 밤하늘에 반짝이는 별들을 보며 북도 남도 동도 서도 그리고 더 먼 미래도 과거도 사람을 바라보며 상상하는 것이다.

크라우스가 비제 오페라 진주 조개잡이 중 귀에 익은 그대 음성 아직도 들리는 것만 같아 - 나디르의 로망스를 부른다.

홀로 아내의 고귀한 그림을 바라보며 마라고지페를 마시며, 들어오는 도로는 다 막혀 있는데 미술관 밖을 살피며 앞서간 목소리를 듣는다.

아직도 뚜렷이 들린다.

꿈을 공상하며, 상상을 실현키 위해 노력하고 아름답고 착하게 살아야 한다.

표현한다고 아무렇게나 감정의 추태를 던지는 것은 표현이 아니다.

표현은 이성으로 감성의 각성을 통한 자아를 실현시키기 위해 정제된 단어를 노출시키는 것이다.

시를 쓰는 사람은 시인이 아니다.

시처럼 사는 사람이 시인이다.

삶이란 무엇인가.

시인이란 무엇인가.

마라고지페를 마시며 아내 그림 - 허공 외줄 외바퀴를 타며 바이올린을 연주하는 고양이를 바라본다.

지금 모든 것이 막혀 있지만 내가, 내가 아닐 수는 없다.

바람이 분다.

바람 심하게 불던 밤으로의 여정

하이든Franz Joseph Haydn Symphony No95 in C minor III Menuetto를 들으며 honduras copan을 마시다.

저녁부터 돌풍 불고 폭우 내리다, 깊은 밤을 지난 새벽에 견딜 수 있을까 걱정했던 대책이 결국 무너졌다.

들썩이며 굴러다니던 것들을 잡아, 큰 돌들로 무너진 천막을 누른다. 고양이집들은 이미 사라졌다.

파보로 42마리 이상의 고양이들을 묻어주었는데 또 시련이다. (종국 170마리 이상이 죽었다)

고양이들이 우왕좌왕 야옹거리며, 나와 아내를 쳐다본다.

하이든 교향곡 95번 3악장 미뉴엣으로 코판을 마시며, 집을 달라 항의하는 고양이들을 본다.

조용하고 싶다.

누구들은 우리에게 미쳤다. 척한다. 라고 말하지만[12]

---

12   드라마 작가, 수필가라는 한 인간을 보며 인간에 대한 어떤 이해

어떤 존재가 내가 운영하는 블로그에 들어와 상당히 많은 내용들을 보았다는 상태를 블로그 통계에서 확인했다. 나눠진 연령대의 한 성별 막대가 솟아 있고 나머지 모든 막대는 바닥에 붙어 있는 형국이었다. 그런 식이 며칠 정도 이어졌다.

그리고 느닷 아래의 댓글이 달렸다.

잠시 머물다 갑니다.
좋은 글과 내용도 잘 담아 가고요.
저 역시 좋은 글로 보답하겠습니다. - 12. 28. 19:00

그자는 드라마 작가이며, 소설가라고 했다.
그래서 나는 안타까운 마음에, 머리가 있다면 생각이라는 것을 '혹시라도' 할 수도 있기에 드라마 작가이며, 소설가라는 존재에게 이렇게 표해 주었다.

이 3문장이 크게 5가지의 문제 혹은 문제점을 내포함을, 내가 '전혀' 모르며 관심도 없는 귀하가 '전혀' 인지하지 못하고 있음이 확실함.

그러자 그 드라마 작가이자 소설가라는 자가 단어들을 막 던지기 시작했다. 서넛 예를 보자면,

-

하고 싶은 말이 있으면
적어도 알아듣게 하세요.
지금 취식 중인데
다섯 명 모두 무슨 말인지
모르겠다고 하네요.
참고로 그 5명은 국문학과 출신임.
그리고 자신의 마음과 다르면
그냥 가던 길 가세요.
어설픈 문구에
하찮은 철학만 보이네요.

-

그저

조용히 천천히 평온히.

더 강렬하게 더 자유롭게 더 우아하게 살고 싶은데.

태풍에 널부러진 고양이집들을 보며,

죽어 나가는 고양이들을 보면 무기력해진다.

정신병자네.

-
이러니
몇 달이 지나도
사람들이 오질 않지.

-
고양이 시체를 전시하는 글?
즐기고 있는 거네.

등의 단어 나열이 이어지고, 나는 그자를 차단했다.

귀하는 저 드라마 작가, 소설가라는 자의 글을 보면 어떤가?
나는 그자의 첫 단어 나열들에서
어리석음, 무례, 편협, 차용, 발췌, 가식 그리고 오만과 표절을 보았다.
저렇게 단어 나열하고 나면 면피, 면책이 되고 도덕적 (책임) 유예를 가질 수 있다고 여기는가?
그가 일반인이 아니고 드라마 작가이자 소설가라니까 그렇다는 것이다. 알겠는가?

물론 그렇지 않을 것임을 알고 있었지만, 그래도 내가 틀렸기를, 잘못 봤기를,
그자가 드라마 작가이자 소설가라기에 정신 차리라고 답을 해주었다.

까마득한 것이다.
더 아쉽게도 내 글이 그대로 사실인 것이다.

- 이런 일이 주기적으로 발생한다.

자연을 받아들이며 더불어 자유롭기를 바랬는데 멀어진다.
화가 난다.

아내와 나를 집 잃은 고양이들이 여전히 쳐다본다.

비 맞으며 고양이들에게 간식을 주고, 밥그릇과 물그릇을 씻어 채워주고, 아기를 낳은 사랑에게 영양식을 준다. 사랑의 아기들은 무사해야 할 텐데.

무서운 비 맞는 마당에서
지친 아내와 나는 하이든 씨의 고향곡 95번 3악장 미뉴엣으로 코판을 마시며 뚫어지게 어둠을 응시한다.

아침이 오면, 비가 그치면 정비해야 한다.

책임

비발디Antonio Vivaldi The Four Seasons 12 - Winter_Allegro를 들으며 kenya masai aa top을 마시다.

너는 누구를 믿어?
엄마, 아빠를 믿어.
왜 엄마, 아빠를 믿어?
엄마, 아빠는 나의 보호자이고, 나의 친구니까.
너는 엄마, 아빠의 친구니?
그래.
너는
나는 행복해.
그래.

알레그로를 들으며 겨울의 끝을 느낍니다.
마사이를 마시며 봄의 시작을 느낍니다.

행복이 뭔가요.

행복을 위해 우리는 어떤 책임을 지불해야 합니까?
그 책임을 다하기 위해 우리는 어떤 책임감을 가져야 합니까?

마사이를 들으며 겨울 알레그로를 마시며 사람을 바라보는 나는
어떤 강도의 책임감을 가지고,
책임감을 성장키 위해 어떤 정보와 신념을 득하는지,
정보와 신념을 위해 어떤 공부의 노력을 하고 있으며,
노력과 공부로 획득한 정보와 신념으로 의지된 책임감을 가지고 내가 최선을 다해 책임을 경주하는 무엇을 위해 나는 어떤 사람으로 있어야 하는지를 생각하니 문득 다시 느낍니다.
내 아이가 정확히 자신의 믿음을 표현하고, 그 말들을 명확히 이해하고 있음을

아들의 눈동자를 보며 느낍니다.
책임감으로, 의지가 구현할 책임의 표상이 얼마나 아름다운지.
아들의 이야기에 새삼 마음을 다집니다.

겨울과 봄이 머물고 있는 지금.

아름다운 시간을 위해

우리 가족은 마을의 고목들에 막걸리를 드렸습니다.

동네 샛길로 들어오는 대로에 면한 식당에 묶여만 있는 커다랗고 아픈 강아지와 강박증이 있는 흰 긴 털 강아지에게 사료를 가져다주고, 동네 고양이들, 삵, 너구리, 물까치, 다람쥐, 참새에게 사료를 나눠주고, 다친 고양이들, 삵, 너구리 등에게 약을 주고, 장승님과 동자님에게 간식을 가져다 드리고, 마음이 아픈, 다친 착한 사람들의 이야기를 한 땀 끝까지 들어주고.

그들을 외면하지 않기 위해 더 노력하고 공부해야지. 변하지 말아야지.

다짐합니다.

그런 일들이 우리에겐 행복입니다.

겨울 알레그로가 끝났습니다.
봄의 알레그로가 시작됩니다.
마사이를 마십니다.
공간을 바라봅니다.

책임져야 합니다.

경계에서

비발디Antonio Vivaldi의 Violin concerto in B flat major, RV371 II. Larghetto를 들으며 jamaica arthur mcgowan blue mountain을 마시다.

라르게르토

3시 12분. 비발디의 RV 371번 2악장을 약간 느리게 들으며 블루마운틴을 마셔요.

한 줌 남아 있던

태양은 반짝이는데

볼에 닿는 차가운 공기 너머.

들리세요. 무엇이 보이나요.

라르게르트를 9번째 들어요.

마음은 평화로운데

건드리기라도 하면 터져버리고 싶은 조마조마함한 슬픔이 한켠 있어요.

그럴 때,
라르게르트가 10번째 돌아오고
조금 남은 블루마운틴은 차가워지고
영롱히 시린 햇빛은 공기를 쥐어짜 아프게 세상을 누르고

창의 이쪽과 저쪽에서

보세요.
무엇이 들리나요. 보이세요.

안타까워요.
비발디의 작품 371의 2악장을 들으며
차갑고 무겁고 깊은 블루마운틴을 마시며

삶이 얼마나 아름다울 수 있는지.
삶이 이토록 남루할 수도 있는지.

차가운 공기는 밤으로 잠식되어져 더 날카로워질 것이고
아팠던 기온은 봄이 오면 따스해질 것이며
이별이라는 단어는 아플지라도 보세요.

슬퍼하거나 그리워하지는 않을 거예요.

라르게르트는 11번째 들려오고,
지금 내 기분이 B 장조 RV 371 2악장 약간 느린 템포를 느끼면

윤동주가 더 아려요.
아직 겨울이니까.

열정

호르헤 아벤다뇨 루어스Jorge Avendaño Lührs 열정 La Pasión을 Sarah Brightman & Frenando Lima 음성으로 들으며 tanzania killimanjaro를 마시다.

    킬리만자로를 마시며
    호르헤 아벤다뇨 루어스의 열정을 사라 브라이트만과 페르난도 리마의 음성으로 듣고 있어요.

    열정이 당신이라는 것을 알고 있나요.

    생각에서 현실로 들어가져요.
    어떻게 잊을 수가 있을까.

    꿈같다.
    커피를 찾아 처음으로 예멘의 모카에 갔던 날을 기억하니
    퇴락해 버린 낡고 구슬픈 도시. 귀상어만 세상의 전부인양 널려 있고.
    시간이 꽤 지나 방문한 모카는 온통 부서진 커다랗고 초라한 유령.

귀상어는 나락으로 가고 카트가 세상의 전부.
커피는 사라진 전설.

그 전설은 카파에서도 쇠락한 커피나무로 이어지고.

그것은 고스란히 홍콩으로 이어지니.
구룡을 지나 홍콩으로 들어설 세상은 거대한 정글 눅눅한 더위에서 찬란한 도시의 네온이 마지막으로 스쳐 간 홍콩은 회색 도시의 밤.

추억은 이렇게 부서지는가.
꿈같다.

기억도 추억되어지지 않을 만큼 변해 버린 공간과 사람과 생각들.

어릴 때 사람들이 이해가 되지 않았어요.
지금도 이해가 되지 않아요.

어릴 때 나는 이해할 수 없었어요.
지금의 나는 이해하고 싶지 않지만, 이유를 알고 있어요.

그래서 지금의 나도, 어릴 때의 나는 친구가 없어요.
상관도 없으며, 개의치 않아요.

그게 삶이니까.
그게 배운 것이니까.
배운 대로 실천하는 게 학문이며,
훌륭한 사람들의 말을 잇는 게 내 삶을 존중하고, 나를 실현시킬 인간의 길이니까.
처음 홍콩의 사진에서 가득한 사람들은 마지막 홍콩의 기억에서 없어졌어요.
처음 간 모카는 사기꾼이 있었는데, 마지막으로 간 모카는 내미는 손만 있어요.

열정을 들으며 기억으로 들어가요.

그때의 나도, 지금의 나도 이해할 수도, 이해하고 싶지도 않아요.
옳다고 생각하는 삶을 살아왔고, 그렇게 살아갈 것이니까.

어릴 때와 청년의 나를 보며 생각해요.
누구도 없었는데, 용기 잃지 않고, 의지 뺏기지 않고, 열정으로 잘 걸어왔다.

그 열정 덕분에 여전히 열정을 가지고 있다.
그 희생 덕분에 나는
나를 사랑하고, 나를 존중하는 여성을 만나 부부로 살고 있다.
나를 사랑하고, 나를 존중하는 아이를 우리 부부의 아들로 함께 살고 있다.

킬리만자로를 마시며 호르헤 아벤다뇨 루어스의 열정을 사라 브라이트만과 페르난도 리마의 음성으로 들으며,

어릴 때, 청년일 때의 나를 안습니다.
정말로 고맙습니다, 어릴 때의 나. 청년일 때의 나.

나는 그 기개로 살겠어요,

오로지 존재를 목적과 목표로 여기지 추호도 도구, 수단으로 여기지 않는다.
안한다와 못한다에서 언제나 안한다에 서 있기 위해 더 독서하고 공부하고 명상하며 걷는다.

조용한

costa rica finca de julias red honey를 마시며 secret garden adagio를 들으며, 쇼팽Frédéric chopin waltz 64-2를 듣다.

훌리아스를 마시는 나른한 태양
고양이 여러 마리 마당 구석에 박혀 자며
늘어지게 하품하면

아다지오의 바이올린 음이 공기에 풀어져
은파는 왈츠 박자를 따라갑니다.

호숫가 백조와 노니는 돛단배 뒤로 높은 산 중턱 오색 낙엽과 그림 같은 집들.
   우두커니 시간을 걸어오는 왈츠를 마시는 고요한 시월의 태양이

   노을로 이끌어져
   수은등마냥 반짝이는 기억을 소유할 하루를 추억키 위해 밤은 아다지오의 속도로 깊어 갑니다.

삶의 무게

헨델Georg Friedrich Handel HWV 432. 피아노 모음곡 7번 사단조. 6악장 파사칼리아. HWV 432 : VI. Passacaille를 들으며 peru chancnamayo를 마시다.

가늘게. 멈추고. 굵게. 멈추고. 태양이 나왔다 사라지고. 갑자기. 멈추고. 가늘게. 멈추고. 태양이 나오려다. 멈추고.

헨델의 파사칼리아를 들으며.
찬차마요 너머의 세상을 봅니다.

장중히 경쾌하고, 아픈데 따스하고, 없는데 가득 차 있는, 쉬운데 어려운. 이해할 수 있는데 이해하고 싶지 않은

파사칼리아를
지금이 아닌 시절의 사람들 삶은 얼마나 무겁고, 미래가 두려웠으면 이 무거운 곡으로 춤을 추려 했을까.

무거운 춤사위는 박제될 연주곡으로.
그건 오페라에서 오라토리오의 변화.
그건 귀족의 것에서 대중의 음악으로.

태양이 무대 조명으로 비추는 마당에서
옛날 화려했을 춤 기억을 가진 파사칼리아를 들으며

헨델이 음악의 어머니로 명 되었는지 새삼 느낍니다.

끝없이 움직일 태양을 따라 지구는 늘 그 자리에 있는 공간을 가로지릅니다.

언제나 그 자리에 있는 공간에서
태양이 가려지고 비가 올 듯하고 이내 장대비가 내립니다.

폭우를 보며 사유를 생각합니다.
헨델은 서양 음악의 어머니이며,
서양철학의 역사는 서양철학사이며
관념과 사상은 사람에게로 나가고 사람에게로 온다.

사람이 의지하지만
관념과 사상과 사람은 구분되어져서는 안 된다.
서양의 철학과 역사는 동양의 것과 연결된다.
서양의 음악은 동양의 것과 연결된다.
의지는 사람이 구현한다.
사람은 사람을 표상한다.

그것이 철학이다.

급격히 내린 비는 갑자기 멈추고, 태양이 맑게 비춥니다.

찬차마요를 마시며 공간을 봅니다.
태양의 빛이 수증기에 아롱거립니다.

헨델에게 고마워하며
나는 파사칼리아에 맞춰 공간을 명상합니다.

망각

랑고르LuedL anggaard 심포니 1번 산(벼랑)의 목가 symphony no1. kloppen pastarale를 들으며 ethiopia harrar를 마시다.

　　가져본 적도 해본 적도 없는데 뭘 그리워하는 겁니까.
　　뭘 잊어버린다는 겁니까.

　　삶이 그런 겁니다.
　　삶이 그런 겁니까에서 길을 잃어버립니다.

　　거기서 기억의 오류 내지는 외로움, 고독, 공허, 허무 그리고 가져본 적 없는 것에 대한 그리움에서

　　자기합리화를 찾아야 하는 겁니다.
　　그러기 위해 무엇을 망각해야 할까요?
　　하라를 마시며 노을 지는 멀리를 바라봅니다.

　　랑고르 당신은 어떻게 생각하세요.

b라디오에서 귀하의 심포니 1번을 처음 들었죠.

이런 느낌이었어요.
전혀 낭만적이지 않은,
삶은 화려하고 우아함의 유년과 청소년기를 거쳐 온실에서 들판으로 튕겨져, 낭만파의 비애적 희망과 쓸쓸함을 쥐고 세상을 다 경험한 자마냥 걷기.
늘 충돌하게 될 것이며 세상은 원하는 즉 이상적으로 흘러가지 않을 것이나, 삶이 얼마나 아름다운가 중얼거리기.

벼랑에서 보는 세상이죠.

시간이 지나, 미술관에서 홀로 사람을 기다리니 랑고르 심포니 1번이 마음에서 귀로 들어와요.

세상과 등지고 목가적인데 황량한 정원에 있고 싶을 때.
이해는 되는데 이해하고 싶지 않을 상태에서 세상을 바라볼 때.
다시 돌아가야 할 길에서 위로하고자 할 때.

벼랑의 목가를 들어요.

20세기 마지막 부분을 장식했던 섬에서 처음 듣고 랑고르만 기억하다, 느닷 21세기 초에서 당신을 꺼내고,
　환희와 쓸쓸함과 좌절과 안타까움 그리고 의지를 바라보며
　공허가 허무로 가는 볕 쨍한 서늘한 기운에서 이상과 현실을 조화시키고자 버둥거리는 나를 또 이해하게 되는 거죠.

　한적한 미술관을 가득 채우는 바람과 햇살과 경쾌한 걸음의 쓸쓸함과 웅장의 공허함과 그 모두를 뒤로 한 다가올 좌절과 굴복하지 않을 의지로 조화되지 않는 세상을 낭만으로 팡파레 울리자.

　신파적 멀리서 보는 외로움과 따가움이
　차곡차곡
　채워진 하루는 어떤 아이가 청년이 중년이 장년으로 그리하여 어떤 노년으로 이어질

　이 길이 내 운명으로
　빛나는 공간이 되어 소멸되어질 것이며.
　그 빛이 아니라면 모두에게 나에게도 망각되어지는 게 당연할 것이니.

소멸과 망각의 갈림에서 공간을 바라봅니다.

그래서 목가는 운명을 앞에 둔 벼랑처럼 느껴요.

거기에서 하라를 마십니다.

아다지오

알비노니 Tomaso Albinoni Adagio를 조수미의 노래로 들으며 saint helena green tipped bourbon을 마시다.

순수하고 싶었다.
순진한 모든 것도 전락하지 않기를 바란다.

반짝이는 은파와 작은 고양이들
광선은 어찌나 영롱히 강렬한지

잃어버려질 세상에서 안개 내 거닐까.

아직은 괜찮은가.

여기는 내가 살아야 할 곳이니

세인트 헬레나를 추억하며 어둠이 내려온 창밖을 본다.
거기는 어디인가.

나는 순수이다.

사랑

베토벤 piano sonata no.14 c#minor moonlight를 들으며 bolivia irupana를 마시다.

프레스토 아지타토

3악장이 미술관을 격정적으로 채우면 알게 새삼 느낀다.

내가 레오를 한없이 사랑하구나.

5세의 레오는

비 오는 늦가을로 인해, 며칠 전부터 킥보드 밤의 산책을 못했고, 오전에 배구도 하지 못했기에 마음이 불편한데,

또 마음 불편한 심정을 토로하면 엄마 아빠가 속상해할까 참고 있었는데,

비 오는 하늘을 살짝 원망했다고 자신을 다그치는 아빠 엄마에 눈물 흘립니다.

미워서 그런 게 아니라, 속상해서였는데.

엄마 아빠 속상해할까 아빠 엄마께 들리지 않도록 작게 말한 건데.

그리고 눈물 흘리는 자신의 이유를 알아주지도 않고,
눈물 흘린다, 화내려는 엄마 아빠에게 상처를 받았습니다.

무슨 오해가 생긴 걸까!
달님 비를 멈춰주세요.

사랑하는 달빛을 그리워하며 달빛을 고요히 듣습니다.

알레그레토
아이와 소곤소곤 대화를 합니다.

아다지오 소스테누토
그렇구나. 그렇구나. 미안해. 네 마음도 모르고.

프레스토 아지타토
내 마음의 꽃이 시들었어요. 라고 말하는 레오의 말에
어떡하니. 다시 피우자. 그럴 수 있지.
안 돼요. 가장 크고 강렬하고 아름다운 꽃인데, 아빠 엄마의 오해로 상처 입은 꽃은 시들어 버렸어요.
미안해. 정말 미안하다. 어떻게 하면 네 마음의 꽃이 다시 필 수 있을까?

드래곤이 필요해요. 강력한 드래곤이 내 마음에 와 불을 뿜고, 물을 뿌려주면 그 꽃이 활짝 피어요.

그래. 아빠와 엄마의 마음에서 드래곤을 너에게 보낼게.

프레스토 아지타토

엄마와 아빠의 마음에서 반성하고 사과하는 드래곤.

또 이런 실수 다시 범하지 말자는 반성의 드래곤.

또 더 큰 용기와 더 넓고 깊은 꿈의 드래곤이 우리 아이 레오에게 갑니다.

뽀뽀.

드래곤이 내 마음에 들어왔어요. 이제 그 꽃이 다시 활짝 피었어요.

사랑해요, 엄마. 사랑해요, 아빠.

월광 소나타가 공간을 가득 채웁니다.

달빛이 우리의 마음을 가득 비춥니다.

이 마음을 누가 가질 수 있을까요?

아름다운 이루파나를 마시며, 부푼 열정과 용기와 의지로 우리를 바라봅니다.

베토벤에게 감사를 드리며,

우리는 월광 소나타를 들으며 대화를 나누고, 오해를 풀고, 사과를 하고, 용서해 주고, 해결책을 찾고, 드래곤을 부르고, 드래곤을 만나고, 드래곤의 힘으로 레오의 마음에 커다란 꽃을 다시 피웠습니다.

실수하지 않을게. 용서해 줘서 고마워, 레오야.

와줘서 고마워 드래곤.

드래곤이

베토벤의 월광 소나타와 함께

이루파나를 마시며 우리 마음에서 편히 쉽니다,

누구도 아닌 바로 우리 마음에 드래곤이 있습니다.

행위의 이해

타르티니Giuseppe Tartini Violin Sonata In G Minor, Op.1 No.6, The Devil's Trill을 들으며 costa rica los naranjos black honey process를 마시다.

　　주세페 타르티니의 바이올린 소나타 g단조 악마의 트릴을 들어요.
　　- 인간적인 이해구조로 인간의 언어, 콕 집어 한국어로 서술할게요.

　　한 악마가 울고 있어, 다른 악마가 물어요.

　　왜 우니.
　　- 내가 왜 이 일을 해야 하지, 천사 일을 하면 안 되는 거야.
　　네가 악마잖아. 언제나 악마 일을 해야지. 그것이 우리의 윗대 악마가 정하고, 대대로 내려온 도덕이고 윤리고 규범 그리고 철학이잖아.
　　- 그래도 나는 천사 일을 하고 싶어.
　　왜!

- 그게 좋아. 또 그런다고 다른 악마들에게 나쁘게 하는 것도 아니잖아.

과연 그럴까. 정말 그것 때문에 하지 말라는 걸까!

- 내가 그런다고 다른 악마들이 나를 따라 할 건 아니잖아. 그냥 나 혼자 하는 거잖아.

다르잖아. 또 우리의 기준에서 틀린 거잖아.

- 왜 다르면 안 돼? 악마가 천사 일을 하면 틀린 거야. 악마는 악마여야 하는 거야.

너는 악마잖아.

- 나는 악마야. 악마이고 싶지 않은 악마일 수밖에 없는 악마야. 그런데 다르고 싶어. 가고 싶어.

어디로?

- 나도 몰라. 해본 적도 없으니까. 왜 하면 안 되는 거야. 왜 다르면 안 되는 거야. 왜 틀렸다고만 하는 거야. 이건 틀린 게 아니잖아. 내 선택이야. 내 삶이잖아.

꼭 그러고 싶어?

- 판단하고 싶지 않아. 그냥 나이고 싶어. 이게 나야. 누구의 것도 아닌 내 삶을 내 의지로 그저 최선을 다해 살고 싶어.

고백할까.

고통스러운 스물 무렵

내가 초등 2년 때 부셔버린 바이올린이 그리웠다.

나를 극단으로 몰고 간 아버지가 안타까웠다.

스무 살의 나는 그 선택으로

도피처가 어쩌면 영원히 없을 것임을 이해했다.

예술적 어떤 기회가 처참히 사라졌음을 인정했다.

서른 즈음,

인디아, 네팔, 아프리카 여러 나라에서 고통스런 시절 의대를 가지 않았음을 후회했다.

칠 세 때

세상을 저주하고, 멀리하겠단 다짐이 지금도 마음이 아프다.

수술실에 안겨 가는 네 살 동생이 울며 부르짖을 때, 난 아무것도 할 게 없었다.

간절한 기도를 부셔버린 것들을 혐오했다.

그 혐오의 다짐이 어떻게 나를 방치해 두었는지 알고 있었을까.

타르티니의 악마의 트릴이 연주되어졌고,

잔에 가득한 나란효스가 귀에 들어오고 눈으로 트릴을 느끼며
마음으로 너머를 본다.

고백한다.

겉으로만 신사로 여겨지는 사람이 되지 말자던
약속은 이십 초중반까지 삶의 과정이자 목표였다.
여파는
서른 초반까지 갔고.
서른 후반 즈음에야 볼 수 있었다.

세상을 마음껏 돌아다니자.

문득 사위를 살피니
아내와 아이가 있었다.

다시 행복한지를 물었고 다시 투쟁을 물었다.
아내와 아이는 행복할까.
나는 어떤 남편일까, 나는 어떤 아빠일까.

타르티니의 악마의 트릴이 마음을 누른다.

고백한다.

그때의 모든 것은 내 선택이었다.
그 선택으로 연결된 고통과 아픔과 처절함, 깨달음과 얻음과 그리하여 지금 내 곁에 있는 아내와 아이가 바로 지금의 나로 존재케 하고 있음을 인정한다.

충분하다.
타르티니의 악마의 트릴이 끝에 닿는다.

나는 언제나 내게 묻는다.
나는 어떤 사람인가.
나는 어떤 남편인가.
나는 어떤 아빠인가.
아내와 아이는 나와 함께 있기를 바라며, 행복할까!

그것이 내가 나일 수 있는 길이다.

영원의 순간

비발디antonio vivladi Violin concerto in B minor, RV 390을 들으며 hawaii greenwell extra fancy를 마시다.

    명확히 설명할 수 있다.
    감정에서 이성까지 감성에 본능까지
    그럼에도 타인을 이해시킬 수 있을지는 장담할 수 없다.

    그렇다면 그것은 설명인가. 아닌가.
    딜레마에 빠지는가.

    삶에는 그런 경우가 많다.

    하늘을 먹장으로 두른 채 비어 있는 미술관에 우두커니,
    공간에 비 내리고 마당 시멘트 바닥에 떨어지는 소리 유난히 보이면,

    앉아.

손가락 마디 하나 움직이고 싶지 않은데, 코나를 마시고 싶다.
부산히 소스라칠 공기의 파동에 겨워.
이 마음으로 돌아올 수 있을까.

깨고 싶지 않은데 코나를 마시고 싶다.
이 상황은 고양이가 들어 있는 슈뢰딩거 씨의 상자만큼 곤란해.

피상적일 수 없을 내 상태적 상황의 모순적 바램의 동시성.
슈뢰딩거를 이해한다.

비발디의 RV390 바이올린 협주곡 B단조 1악장 안단테 몰토가 던져진 세상처럼.

순간 모든 것을 깨워
비발디 바이올린 협주곡 B단조 RV 390을 준비시켜 놓고,
천천히 코나를 강렬하게 드립한다.

준비가 되었다.

데미타세에 채우고, 영원 같았을 시간을 지나

비발디의 390 바이올린 협주곡을 등장시킨다.

세상은 맑고 고즈넉하게 비가 내린다.
나는 공간에 있으며,
슈뢰딩거를 안타까워하며 마타리를 마신다.

공간. 순간. 여기.
비발디의 390 알레그로 논몰토가 미술관을 채운다.

나는 공간이며 저기에 있으며, 상자를 열지 않아도 저기에도 있고 여기에도 있고 저기에도 없고 여기에도 없으며 공간에서 고양이는 하품을 한다.

더 자유롭고 더 강렬하고 더 우아하게.

시멘트 마당을 두드리는 빗물이 나를 보며
비발디의 바이올린 협주족 B단조 390을 마시며
코나를 듣는다.
다자의 공간이 채워진 공간은 내가 된다.

아름다운 시간을 허락해 준 비발디 씨에게 고마움을 전한다.
코나는 환상이다.
시공에서 공간이 된 내게 고마움이 통한다.

하늘은 하얀 구름과 하늘색 공간으로 빛난다.

어떤 떼루아에서

beethoven sonata no.3 C major op.2 adagio를 들으며 indonesia mandheling wit pesam을 마시다.

사실 기억 못할 리 없어.
그럼에도

내가 틀리기를 바라며.
그런가, 기억이 나지 않아요.
어떤 물음에 대답을 하면서.

대부분은 조금 경계하다, 이내 기억 못하는가 보다 해버려.
그때와 지금이 한결같은 사람도 조금 있고

내가 틀리기를 바라는데, 아쉽게도 아니지.

그 순간
베토벤의 피아노 소나타 3번 2악장 아다지오가 들려온다.

마음이 그래.

잔잔한 호수이고 싶은데,

격랑인지, 이해할 수도 있을 것 같아.

보세요.

그러지 말아요.

아쉽게도 나는 기억을 해요.

틀렸기를 바라면서, 나하고 이야기를 하는 귀하가 어떤 사람인지 궁금해서.

나를 존중해 주기를 바래서. 기억나지 않는데, 그런가요.

라고 말해.

그럴 때는 만델링을 마셔.

같은 떼루아임에도 빈티지에 따라 극단적이며, 볶기가 더해진 상태는 멜로가 체질이 되려다, 커피를 우려내는 사람의 기술이 더해질 수 있을 수준이 된다면 그 감정은 환타지 로맨스에다 극단적 액션 호러물이 되는 거야.

만델링을 마시자.

베토벤의 소나타 3번 다장조 2악장 아다지오를 듣는 거야.

오늘같이 비 내리고.
내가 틀리기를 바라지만,
나는 존중받지 못했고,
귀하는 속였다 오판한 날,
나는 인류에 대한 편견을 또 쌓고 잊어버리는 거야.

단순함과 오만함에 경의를 표하며,
복잡하고 오묘한 만델링을 마시며,
아다지오의 절정이 심장을 찌르게 두는 거야.
비는 내리게 하고.

이 마음을 베토벤의 피아노 소나타 3번 2악장 아다지오가 위로를 해주는군요.
만델링은 옆에서 거들고.

바다가 되어야 해요.
심연이 되어야 해요.

살아야 하니까.
다치고 싶지 않으니까.
단지 그 이유 때문이에요.

단지 다치고 싶지 않아서, 나를 방어하는 거잖아요.
어떤 너희처럼 도구, 수단으로 이용할 리가 없잖아요.

언제나 한결같아야 해요.
알든 모르든 의도하든 아니든 그러지 마세요.
보든 말든 알든 모르든 귀하가 누구를 평가하듯이 귀하는 눈치도 못 채고 이미 평가를 당해요.

귀하가 본능적으로 그러듯 본능적으로 그래요.

이해할까!

비 올 바람 부는 비 안 올 석양에서

베토벤 piano sonata no.31 in A flat major, op.110-fuga를 들으며 dominica barahona를 마시다.

비가 내리지 않는다.
멀리 보이는 석양은 구름 실루엣이라도 잡으라 번들거리는데.

살아온 삶만큼 기억으로 추억이 아리나.
바랜 석양이 그리운가.
뉘인 노을에 아플까 괜히 마음 조악거릴 때

비 오지 않는 비 곧 내릴 저녁은 금새
베토벤의 피아노 소나타 31번 푸가로 아울러진다.

내가 주악한 것은
추억이었는지
석양이었는지
푸가이었는지.

혼돈을 붙잡은 나는.

마음에 배 타고 시냇물, 강, 바다, 공으로 이어져 바라본다.
때문에.

나는 놓을 수 없다,

해 지고 당장 내릴 비가 기다리는 저녁은 밤이 될 것임에
내일은 그 태양이 다시 한결같은 자태로 떠오를 것임에.

비 와야 어색치 않을 저녁에 푸가를 들으며

희망을.
내 희망과 착한 자 희망을 누구보다 따뜻한 마음으로 본다.
오롯 나를 견디어 주고 위로해 주는 바라호나를 마시며.

끝나는 푸가를 붙잡으며,
돌아온 나를 바라보는 눈동자에
저녁은 짙은 회색으로 물들어 있고,

비 내리고 있다.

나는 바라호나를 마시며
베토벤의 피아노 소나타 31번 3악장에 연결된 푸가를 반복한다.
실전이 강조되는 그 인생을 연습하듯.

따뜻한 마음으로 기다리며 나는 희망한다.

이 아름다움에 베토벤 씨에게 감사를 전한다.

마주르카의 추억

쇼팽 Mazurka Op.17_No.2 Eminor를 들으며 guatemala santa felisa gesha를 마시다.

비 올 바람이 부는 비 오지 않을 저녁에
조금은 차가움에 가까운 기억을 부르는 가열된 공기가
주위를 서성이면

그렇습니다.
언제나 쇼팽의 17번 마주르카 2번이 추억되어지는 것입니다.

격정적 순수함의 눈망울로 노을 지는 사막 너머를 바라보며
그리움을 겨워한 청년을 기억하는 겁니다.

얼마나 아름다운가.

피아노 한 터치에도 송두리 흔들린 마음으로
그리움을 겨워한 추억마저 그리워하는

뜨겁고 물기 가득한 공기의 세상에서
모두를 그리워하는 그에게

언제나 그렇듯
게샤가 위로해 주는군요.

그리고
비 올 바람이 부는 비 오지 않을 저녁을 그리워하는 조금 차가운 격정적인 공기를 더 그리워하는 습하고 뜨거운 공간에서

투명히 세상 바라보기.

쇼팽의 17번째 마주르카 2번이 이끌어 주는 세상.

여전히 꿈꾸고 싶은 세상.

헝가리 귀족

브람스 hungarian dance no.4 in F sharp minor를 들으며 zimbabwe pezuru를 마시다.

격정적으로 온화.

지금의 아름다움을 설명할 수 있다.
창 너머로 우주가 보이고, 페주루를 마시는 헝가리 무곡이 4번에 닿으면,

도나우 흐르는 다뉴브 언저리 카페에서, 세상에 구현될 색이 가져다준 부다페스트의 석양에 동화되어 집시 연주자의 4번을 들으며,

삶은 아름다웠으며, 최선을 다해 살았으며, 기꺼이 이 삶을 다시 택하리라.
눈물 삼키던 에스프레소.
그 마음이다.

마자르인들에게 고마워하며,
내가
17세기 헝가리의 귀족으로 격동기 절정에서 죽음마저 감수한 기품과 열정으로 헝가리안의 끝없는 존경을 받았다는 점쟁이의 경이에 찬 목소리에 이어,
당신은 그 귀족처럼 다시, 헝가리만이 아닌 세상의 빛이 될 것이라는 그녀의 말을 듣는다. 그리고 상상 못할 일,

당신에게는 돈을 받을 수 없다는 집시 점치는 여인의 눈을 바라볼 때,
브람스가 골라 세상에 빛으로 던져준 헝가리 무곡이 연주되었다.

나는
언제나 최선을 다했으며, 기꺼이 그 삶을 다시 택할 것이며, 모든 존재를 거워하며 눈물 흘리는 더 없을 품위와 열정과 기개로
더 아름답게 삶을 살아야지.

삶은 아름다웠으며, 더 아름다울 것이며, 누구도 아닌 바로 나 자신이 될 것이다.

헝가리 무곡 4번을 들으며 페주루를 마시는 내가,

모든 색깔로 구현된 노을의 석양에 있는 온화한 나를 보며 눈물 흘린다.

이 자리에서.

아베 마리아

블라디미르 바필로프Vladimir F. Vavilov 아베마리아 Ave Mmaria를 김지연의 바이올린으로 들으며 colombia popayan을 마시다.

콜롬비아 후안 발데즈 씨의 포파얀 너머 세상을 본다.

달라졌을까.
태권도를 하고 싶었다.
학교 대표로, 2학년인 내가 연주했었던 바이올린을 마당 바위에 내리쳐 부셨을 때, 아버지는 아무 말씀 하지 않으셨다.
어머니는 화를 내셨다.
이제 바이올린을 연주하지 않아도 된다.

동생을 지키고 싶었다가 이유였을까.
부서진 바이올린, 아버지를 보며 후회할 것이란 절망에 질 수는 없었다.

돌이킬 수 없다.

초교 4년 봄에.
아버지는 서재에서 아베 마리아를 듣고 있었다.
거의 일본어로 쓰여진 엘피들 중에 아버지가 들었던 그 곡.
아베 마리아.

더 이상 알고 싶지 않았다. 그런데,
뇌리에 각인될 것임을 알 수 있었다.

아베 마리아를 내가 연주하면 아버지는 좋아하셨을까.
잊어버리려 노력했다.

대학 졸업 무렵,
아베 마리아가 대학로 다방에서 들려왔다.
어떤 것이 초교 2년을 거쳐 4년으로 돌아갔다.

아버지 뒤에서 들었던 줄리오 카치니의 아베 마리아를
이네사 갈란테처럼 아베 마리아를 부를 수는 없어도,
아버지 앞에서 바이올린 연주를 하는 것이다.

후회한다.

바이올린 부서버린 것을.

한 번도 아버지와 대화를 나눠본 적 없음을.

한 번도 아버지 앞에서 울어본 적이 없음을.

후회한다.

아버지와 대화하려 시도조차 하지 않았음을.

아베 마리아.

무엇이든 죄송합니다. 라고 했었다면 아버지와 어떤 관계가 되었을까.

좋은 사이, 좋은 아버지와 아들이 될 수 있었을까.

아베 마리아.

아베 마리아가 심신에 박혀 번들거릴 때

섬나라에서 알게 된다,

아버지가 영혼으로 받아들였던 줄리오 카치니의 아베 마리아는

블라디미르 바빌로프의 아베 마리아였음을.

온통 스산한 계절이었다.

한국은

국가적 파산에 이제

재벌은 초재벌이 되고 부자는 갑부가 되고, 중산층은 엷어졌고 가난한 자들은 훨씬 늘어났고 더 가난해져 버렸다.

아베 마리아를 놓아야 한다.

그럼에도 지져진 기억은 남겨지는 것이다.

오십 너머,

문득 아버지의 서재와 가득한 책들과 엘피들.

그리고

블라디미르 바빌로프가 누구의 이름을 차용해서라도 세상에 남겨지기를 바랬던 아베 마리아.

아베 마리아를 김지연의 바이올린으로 듣고 있다.

후안 발데즈 씨의 포파얀을 마시며,

돌아가고 싶다.

왜 한 번도 아버지와 대화하려 시도조차 하지 않았을까.
왜 한 번도 아버지 앞에서 나는 눈물 흘리지 않았을까.
왜 한 번도 아버지를 사랑한다고 말해본 적이 없을까.

아베 마리아.

나는
나는 내 아들은 나에게 대화하자고 다가오기를 바라니.
나는 내 아들이 내 앞에서 울 수 있기를 진심으로 바라니.
나는 내 아들이 언제든 나를 사랑한다고 말해주기를 바라니.

나는
나는 내 아들에게 아무것도 바라지 않는다.
오직 내 아들로 내가 사랑하기를 바라니.
내가 기원하는 나에게 기원하는 그런 아버지이기를 바라니.

아베 마리아.

포파얀을 마시며 눈물 흘린다.
뿌연 하늘이 아프다.

안녕하세요, 마리아님, 내 어머니와 아버지를 살펴주소서.

나는
아버지와 어머니로부터 한 번도 사랑한다는 말을 들어본 적 없음을 알고 있었다는 것을 알고 있었다.

노래와 춤

페데리코 몸포우 덴코즈Frederic Mompou Dencausse Cancion y Danza 6번을 들으며 cuba crystal을 마시다.

칸티네로는 그곳에 있고.
페데리코는 저곳에 있고.
나는 여기에 있으며.

크리스탈을 마시며 몸포우를 따라 칸티네로를 기억한다.

쿠바
영점이 페소의 모닝빵을 추억하며
마멀레이드잼과 햄을 넣고
쇠창살 창 너머로 파는 일 또는 이 페소의 에스프레소를 거푸 마시며.

바라보던 하늘은
맑고 높도록 하늘색이며 구름은 하얗고

포말은 말레꼰에 철썩.

여기서 노래와 춤을 따라 하다
뿌연 하늘과 흐린 구름과 의심에 찬 경멸의 눈들을 겨워하는 만큼

온통 불편함과 미칠 만큼 더웠던 쿠바를 밉도록
그리워하며
진작 거기에선 마셔본 적도 없는 크리스탈을 여기서 마시며,

페데리코 몸포우의 칸시온과 단자를 들으며

살사 추어지던 밤 그리워하며
칸티네로 데 쿠바를 더 그리워한다.

아
노래와 춤에 사무친 온통 불편한 그리움.
여기서도 거기서도.

권력에의 의지

조성진의 피아노로 리스트 순례의 해 제2년 이탈리아 7번. Annees de Pelerinage Italie. Après une lecture du Dante: Fantasia qausi Sonata 단테를 읽고: 소나타풍의 환상곡을 들으며 brazil santos ny2를 마시다.

    리스트 순례의 해 이탈리안 7번을 들으며
    브라질 산토스를 마신다.

    순수한 권력에의 의지가 순진한 욕망에 닿으면 세상은 붉은 눈물로 물든다.

    권력에의 의지가 순수할 수 있는가.
    있다. 그래서 독재도 있고, 악마도 있다.
    욕망은 순진할 수 있는가.
    있다. 그래서 먹이도 되고, 원한도 남는다.

    지배하고 싶은 것이다를 떠나 다치기 싫은 것이다.
    마음대로 할 수 있다를 떠나 하고 싶은 것을 해보고 싶은 것이다.

그러나 그것을 묻기 전에
네 마음을 보라.
네 주머니를 보라.
무엇이 있는가.

단테를 읽고: 소나타풍의 환상곡이 미술관을 가득 채운다.
산토스를 마시며

주머리를 뒤적인다.

네 주머니엔 무엇이 들어 있는가.
꿈인가. 욕망인가.

매우 매우 아름답고 환상적인 나라

Lued Langgaard symphony 전곡을 들으며 guatemala antigua를 마시다.

랑고르의 심포니가 내 말을 듣습니다.

데카르트를 이야기를 하며, 그랑블루와 집시의 시간을 더 이해하는 겁니다.
니체를 이야기를 하며, 도스토에프스키를 아파하는 겁니다.
카프카를 이해하며 키에르케고르에게 감탄하는 겁니다.
헤겔을 보며 공리주의자를 생각하는 겁니다.
칸트를 보며 한계에 대해 눈물 흘리는 겁니다.
공자를 쳐다보며 노자를 그리워하고 묵자를 고민하는 겁니다.
세종대왕께 고마워하며 비트겐시타인을 더 이해하게 됩니다.
몬드리안을 보며 공간의 혼돈을 헤아려 보는 겁니다.
또
랑고르를 들으며 랭가드를 고민합니다.
또

달리고 싶을 때 백 킬로미터쯤 달리며, 헤엄치고 싶을 때 바다에서 두어 시간 돌아다니다, 고요하고 깨끗한 들판에서 뜨고 지는 해를 바라봅니다.

샬럿 브론테를 그리워하며, 나의 마르셀 프루스트를 애정합니다.

로버트 프로스트에 고개 끄덕이며 데이빗 소로우에 안타까워합니다.

그리고

작은 난로에 아껴 모은 장작에 불 지펴, 불꽃의 명상과 담소를 나누며 공간을 봅니다.

뽀모도로 마늘 파스타를 먹으며 삶의 단단함에 감사합니다.

안티구아를 마시며

돈을 모아 이 책을 사야지.

돈을 모아 아내와 아이와 누구를 도와주어야지.

돈을 모아 아내와 아이와 어디를 가봐야지.

힘들어하는 것에 아파하며 공감을 보내야지.

무엇보다 우선할 도덕적 감수성과 윤리적 지성으로 아름답게 살아야지.

더 자유롭고 더 강렬하게 더 우아하게
매우 매우 아름답고 환상적인 나라의 시민이 되어야지.

마야코프스키에게 안쓰러운 마음을 가지며.
전봉준에게 안타까운 마음을 가지며.
보리스 파스테르나크에게 동지적 위로를 전하며.
위대할 수 있었음에 더 위대한 백석에게 미안하다 말해야지.

그리고
노무현에게 미안하다 말해야지.

오늘도 여전한 바람이 불며 태양은 내일을 기약한다.

나는
누구도 희생당하지 않고, 개인이 우선이 되며, 소수를 조금은 더 배려할 줄 알며, 언제나 깨우침과 발전에 목말라 하며, 내가 먼저 행하며, 지배자가 아닌 협력자가 되겠다는 사람들로 가득한 나라.
언제나 오늘이 가장 아름다운 나라.
내일이 오늘임을 아는 아름다운 나라.

주인공이 아닌 주인으로 책임지는 나라.
민주주의 공화국의 평범한 인민이기를 희망한다.

그 나라에서
상상과 예술을 북돋울 아내의 미술관을 지키며, 우아하고 무거운 커피를 내려 담소를 나눌 수 있는 사람이기를 희망한다.

매우 매우 아름답고 환상적인 나라.

존재의 이유 혹은 삶을 사는 방식

하이든Franz Joseph Haydn Trio in E flat major Hob XV No.31-1. Andante를
들으며 guatemala accatenango를 마시다.

    하이든의 Trio in E flat major Hob XV No.31-1. Andante를
들으며
    아카테낭고를 마시며 황사색 풍경을 보고 있습니다.

    어떤 느낌인지 조금이라도 공감되어지기를 바래,
    유튜브서 찾았지만, 아쉽게도 하이든 씨의 원곡이라 해야 할
Piano Trio in E flat minor, Hob. XV No.31-1. Andante
cantabile만 들립니다.

    도대체
    장조 major와 단조 minor에서 무슨 제약 때문에 단조만 등재되
었을까 의구하려다,

    찾는 것도 내려놓고, 게샤를 마시며 한결같은 자리에서 너머를

봅니다.

늘 같을 생활인데 같을 때도 다를 때도 있는 느낌에 고개 끄덕입니다.

천천히 andante와 천천히 노래하듯이 Andante cantabile의 간격에서 장조와 단조를 생각합니다.

무겁고 슬픈 노래와 경쾌하지만 느린 노래의 간격은 무엇일까요.

조덕배는 슬픈 노래는 부르지 않겠다 하지만, 슬픈 노래로 많은 것들을 가졌을 것입니다.

경쾌한 장조와 어두운 단조의 사이에서
단조에 노래하듯이 가미되어 버리니 더 빠르다고 느껴지며 또 어둡고 슬픈 것이 과연 어둡다고 슬픈 것이 맞는가,
경쾌하며 느릴 수가 있기에, 경쾌하고 느린 노래를 부르는구나 하며 하이든의 마음과 상황을 봅니다.

꼬리를 물며 이어지는 생각에

정작 하고 싶은 생각들은 시작도 못했습니다.

이상하다 여기지는 않습니다.
창 너머 보이는 세상은 달라져야 하는데, 달라졌는데 같습니다.

같은데 달라졌고, 달라졌는데 같은 세상에서 나는 바랍니다.

장조든 단조든 끝까지
더 자유롭게 더 강렬하게 더 우아하게
조용히 천천히 평온히 나아가기를 바랍니다.

아카테낭고를 마시고 있습니다.

아내와의 산책 _ 1

쇼팽chopin 9-2. Nocturne No.2 in E Flat Major. Andante. rondo를 조성진의 피아노로 들으며 ehiopia gesha를 마시다.
아내가 뱀을 잡다.

아내가 뱀을 잡았어요.

8월 27일 화요일 오후 14시쯤, 집 현관문을 나서던 아내가 지나치게 큰 지렁이를 보고, 와… 온몸이 쭈뼛.

뱀이다.

뱀도 사람을 감지했는지, 방부목 층계 밑으로 들어가려 할 때, 아내는 오로지 아이 생각을 했답니다. 뭘 할까 겨를도 없이, 옆에 있던 삽으로 뱀 머리를 내려치고, 그 모습을 본 내가 나가 보니,

아내가 뱀을 잡았습니다.

하얗게 질려 가슴 쓸어내리는 아내를 보며, 나는 정신 못 차리는 뱀을 잡아 뒷산으로 보냈습니다.

오늘은 (8월 28일 수요일) 미술관 휴관일입니다.

아내와 14시쯤 산책을 나갔습니다.

그림 판매한 돈을 입금키 위해, 면내 은행에 걸어가기로 합니다.

그림을 너무 구매하고 싶은데, 이래도 괜찮을까요 내미는 상품권 다발.

다행입니다. 우리 미술관은 상품권 가맹점입니다. 괜찮아요. 고맙습니다.

그림 구매할게요 했던 상품권을 입금키 위해 사람이 더 없을 거야 하며 가장 뜨거운 시간에 집을 나섭니다.

강렬한 햇살의 40여 분 동안,

우리는 이런저런 이야기와 일처리를 하고 집으로 돌아왔어요.

쇼팽 Op.9-2. Nocturne No.2 in E Flat Major. Andante가 계속 머리에 들려와요.

고요히 아늑한 아지랑이.

더위 먹겠다. 아이스크림으로 열기를 식히며 쉬다,

더 여유를 누리고자 에티오피아 게샤를 마시며,

우리는 미래를 이야기를 하고, 아이 교육에 대해 이야기를 하고, 뱀을 잡은 상황과 마음을 이야기하며 지금을 이야기했습니다.

나는 아내를 바라보았습니다.

쇼팽 Op. 9-2. Nocturne No. 2 in E Flat Major. Andante를 조성진의 피아노로 들으며
우리의 우아한 풍파와 여유를 기원하며 휴일을 즐기고 있어요.

우리의 아름다운 시간.

밤에는 당근에 내놓았던 프랑스제 머그컵 2개를 10,000원에 구매하려 어떤 분들이 방문했어요.

오늘은 우리가 언제나 아름답고 우아하며 멋지게 사는 날입니다.

아내와의 산책 _ 2

차이콥스키Петръ Ильичъ Чайковскій. Pyotr Ilyich Tchaikovsky 백조의 호수 피날레를 바라보며 peru chancnamayo를 마시다.

    다리 지나 전봇대 위에는 부셔진 까치집이 있고
    밑에는 퇴비 포대들이 수북히 일곱 무더기 있는
    옆 바짝 마른 수로제방에서 개구리 하나가 일광욕하는 앞에

    까마귀 둘은 참새 열두 마리와 벼 베기가 막 끝난 논에서 먹이를 쪼아대고
    성마른 자는 농로에서 비켜주지 않을까 소리 나게 달려와 지나가며
    콤바인과 트랙터가 쌓아놓은 흙덩어리를 으깨어 황토색 미세가루를 날려주는
    옆 강에서는 백로 하나가 우아히 물속을 들여다볼 때,

    가을바람이 불며 따가운 햇살이 일렁이는 길 너머

멀리 산 정상에서는 차가움과 뜨거움이 닿아 자욱한
커다란 호수의 아침인양 안개는 햇살에 영롱하고

서풍이 불어와 노란 가루를 공기에 실으면

세상은 황금색 가득한 은파로 펄럭이고
백로는 신경 쓰인 사람들을 피해 더 우아하게 비상하며
따라가는 눈길은 어느새 펼쳐진 세상의 정경을 그리면

마음은 호수의 백조

그래요 사위에는 까마귀와 참새와 개구리가 있어요.

마음에서
백조의 호수 4막 29번의 피날레가
공간으로 울려 퍼져요.

춤을 출까요.
손을 잡고 길을 걸어요.

이 길의 끝이 어떤 모습인지 누가 알까요.

그저 변하지 않는 마음으로 언제나 옳을 우리의 길을 잃지 않고 가는 거죠.
그것은 무엇이든 아름워요.

아내와 함께

2024년 10월 5일 아침에 소포 배달을 위해 우체국에 다녀오는 여정에서
돌아와

조용히 천천히 평온히 찬차마요의 호수와 같은 계곡을 추억하며
찬차마요를 마시며
더 강렬하게 자유롭게 우아하게
차이콥스키의 백조의 호수를 듣습니다.

23 걸음의 자유

슈베르트Franz Schubert D.911 겨울 나그네 winterreise 1.gute nacht과 24.der leiermann을 용재 오닐richard yonghae o'neil 비올라로 들으며 ethiopia yirgacheffe를 마시다.

23걸음 3시간 19분을 걸었어요.

아다지오로 시작합니다.

안단테에서 마음을 다듬고

소스테누토로 이어지면

알레그로의 세상은 프레스토처럼 느껴집니다.

소스테누토

안녕이 마음을 울리면

이제 고요의 경지는 나의 세상이며

나와 함께 걷는 당신의 호흡은 바로

평온히 입니다.

무엇이 더 필요한가요.

한 걸음은 두 걸음 세 걸음 그리고 스물세 발자국의 세상에서

가득한 열정과 기개로

모든 것을 바라봅니다.

바라보는 모든 것의 아름다움을 이야기합니다.

아름다움을 바라보는 당신을 바라봅니다.

당신을 바라보는 내 마음에

오늘의 거리의 악사가 각인되고

다시 또 돌아온 스물세 걸음의 여유와 풍요로움에서

다시 안녕을 고하고

이어지는 걸음과 발자국에서 마주하는

거리 너머의 이 안에서

모든 것이 있음을 이해합니다.

거기에는

사랑도 공감도 이해도 희생도 그리고 함께가 있습니다.

그리고

자유가 있습니다.

더 강렬하게 자유롭게 우아하게
조용히 천천히 평온히

당신과 함께 스물세 걸음의 세상을 우주합니다.
그 걸음의 휴식에서 우리는 이가체프를 마시며
자유의 전사처럼 살아온, 살아갈 우리의 평화를

바라봅니다.

당신과의 에스프레소 _ 2

모차르트 Mozart K.467 피아노 협주곡 21번을 들으며 에스프레소를 마시다.

늘
서 있던 나무들은 잘려 나가고
늘
아름답던 넝쿨은 쓸려 나가고
늘
칭얼대던 고양이 사라져 가고
늘
따갑도록 허옇게 쓰레기 연기
늘
악쓰는 사람소리 공기를 채워
늘
고요를 흔들어 버릴 공사 차량
늘
무람없이 쳐다보는 눈동자들

모차르트 피아노 협주곡 21번을 들으며
당신과 함께
에스프레소를 마시며

이것이 삶이구나.
이것이 사람이고 싶은 사람의 삶이구나

견딥니다.

에스프레소가 이토록 달콤하다니
모차르트 피아노 협주곡 21번이 이토록 아름다우니
늘… 무람없는 그 '늘'을 무람히 바라볼 수 있는 건
오로지 당신이 내 옆에 있는 덕분입니다.

에스프레소를 마시며
모차르트 피아노 협주곡 21번을 들으며

당신만을 바라봅니다.

눈 오는

표트르 일리치 차이콥스키Пётр Ильи́ч Чайко́вский 씨의 Op.37b 사계Времена года 중 6월 뱃노래 Barcarolle, Andante cantabile를 들으며 guatemala acatenengo santa felisa gesha를 마시다.

    모니터 앞에 면한 의자에 앉아 앞을 보고 옆을 보고 눈이 오는구나.

    아름답고 많이 따뜻한 어딘가에 앉아 울고 싶다.

    촌음이라고 할까 지나가는 사람이 있어 보니 그저 지나가는 사람이구나.

    앞을 보고.
    옆을 보고.
    앞을 보고.
    옆을 보고.
    덩그러니 놓여 있는 책들을 보고.

눈이 오는구나.

많이 따뜻한 어딘가에 앉아 아름다운 것만 보며 웃고 싶다.

…이대로…

주섬주섬
일어나 아카테낭고 게샤를 갈아 드립을 하고 잔을 채워
모니터 앞에 잔을 두고
앉아 앞을 보고 옆을 보고.

눈이 오는구나.

차이콥스키의 6월을 반복에 두고 듣는다.
아카테낭고 게샤를 마신다.

…그래서
이상한 사람인 줄 알았다.
가지 말자고. 가지 말라고…
경감의 눈동자를 본다.

앞을 본다. 옆을 본다. 눈이 온다.

화사한 게샤를 더 무겁도록 마시며 6월의 뱃노래를 듣는다.

내가 마지막으로 간 베네치아는 언제였는가.
거기도 지금은 춥겠다.

따뜻한 곳에 있고 싶다.

차이콥스키의 6월 뱃노래를 들으며
아카테낭고 게샤를 마시며

6월의 따뜻하고 아름다운 골목길을 그리며 이 시를 짓는다.

앞을 본다. 옆을 본다. 지나간다. 그렇구나.
그렇구나.

그래도…

경청하다

프로코피예프Sergei Sergeyevich Prokofiev 발레 로미오와 줄리엣 중 13번 (1막 2장 5번) 기사들의 춤 (몬테규가와 캐플릿가) Op.64 Romeo and Juliet, No.13 Dance of the Knights(montagues & capulets)를 들으며 south sudan boma coffee를 추억하다.

프로코피예프의 기사들의 춤이 상기되면 남수단 보마 커피가 추억된다.

엔딩이 문제다.
이해가 되는가.

대단원의 막을 말하는 것이 아니다.
과정과 과정에서의 일단락을 의미하는 것이다.
그 일단락들을 쌓아
그 일단락들이 쌓여
무엇을 선택하든 대단원! 종국의 막.

프로코피에프의 발레극 로미오와 줄리엣 13번째 곡 기사들의 춤을 들으며
몬테규들과 캐플릿들을 생각한다.

너희는 누구를 지지하는가. 묻는다면 어떻게 생각할 텐가.
옆에서 구경만 하고 삐져나오는 이득만 챙기면 되는가.

타이밍을 맞추려면 잘 봐야 한다. 혹은
잘 들어야 한다. 어떤 경우엔 늦을 수도 있다. 무엇이.
구경만 하고 뭔가를 챙기려다 불똥이 튕길 수 있으니까.
경청해야 한다.

경청하다는 무슨 의미인가.
경청을 하다는 어떤 상황을 말하는가.
그 피경청자는 무엇 때문에 말하는가.

들어만 주어도 해결되는가.
정말 그런가.

무게감 넘치는 자들이 거들먹 춤을 추다.

발레는 1분 49초의 곡인데
모음곡에서는 몬테규가와 캐플릿가의 제목이 기사들의 춤으로 바뀌면서 5분 28초의 음악으로 바뀐다.

세상의 모든 음악에는 어떤 춤이라도 출 수가 있는가.
죽은 자들만이 춤을 못 추는가.

프로코피예프는 지금 우크라이나와 러시아의 전쟁을 보며 무엇을 말할까.

너무 비슷하다고 욕을 들어먹고
해피엔딩은 원작으로 돌아가고
그것은 누구의 의지인가.
그것은 누구의 의견인가.

세상에 내 감정만큼 중요한 게 어디에 있겠는가.
나는 배부른데,
세상에 내가 왜 너를 염두에 둬야 하는가.
나는 거칠 게 없는데.

그러나 말해보렴. 들어는 줄게.
경청해 줄게.

그런가.

경청의 본질은 희망에의 의지를 위한 환희의 문.
그 의지의 본연의 기저가 무엇인지 확인하고
만약에 있다면 개선시켜 주거나, 그 문을 열어주는 것.

그것이 경청.
말해보렴. 들어는 줄게는 경청이 아니다.
비아냥. 약점으로 도수, 수단으로 삼으려 하는 것이 아니다.
희망을 고문해서는 안 된다.

보라.

경청하는 자들을 보라.
그들의 의도가 무엇인가.

프로코피예프의 모음곡 중 기사들의 춤을 들으며, 그리고 발레

로미오와 줄리엣 중 몬테규가와 캐플릿가의 춤을 보면서

경청을 생각한다.

경청자가 경청을 하는 이유가 뭔가.
과시하기 위해서.
무엇을?

엔딩이 문제인 것이다.
어설픈 심리상담사 혹은 정신과의사가 되어서는 안 된다.
비참한 정치꾼, 처참한 언론이 되어서는 안 된다.
처참한 법잡이들이 되어서는 안 된다.

무엇을 위해 행위할 것인가를 결정하는 것이 경청이다.

비록 해피엔딩이 요구된 주인공의 죽음으로 바뀔지라도.
프로코피에프의 기사들의 춤을 들으며
남수단 보마 커피를 추억하며.
아찔해 보이는 경청의 시간들을 바라보며

너희에게는 시끄러운 소리, 낭비의 시간일지는 몰라도
어떤 자들에게는 절망에서 마지막 동앗줄인 것이다.
그것이 대부분은 썩은 줄이었음으로 판명 날지라도 그런 것이다.

내가 썩은 줄이 아니기를 바라며
내가 엉터리 상담사가 아니기를 바라며
내가 가짜 시인이 아니기를 바라며
내가 가짜 철학자가 아니기를 바라며
내가 가짜 아빠가 아니기를 바라며
내가 가짜 남편이 아니기를 바라며
내가 사람이기를 진정으로 바라며

남수단 보마 커피를 기억한다.

모차르트

모차르트 k466 피아노 콘체르토 20번 D단조 1악장 알레그로로 ethiopia keffa natural을 마시다.

볼프강 아마데우스 모차르트를 그리워하며.

2016년 5월 29일 오전 11시 12분경.

집을 나서는 순간이었습니다.
가게 문을 열려구요.

문이 열리고.
세상은
비는 멈췄고, 아스팔트는 젖어 있고, 하늘과 땅 사이 공간은 물기 머금고.
태양은 설풋 비춰질 것도 같은
철 이른 한여름의 장마 끝자락 같은 그저 그런 것 같을 오월이었는데,

마음이 오롯 떨리고

몸은 주체할 수 없으리 방황하고

몸은 문 앞에서 멈춰

여기와 저기.

이성과 감성.

갈등과 안정.

희구와 유지.

찰나와 그 사이에서 나는 모차르트의 그 음악을 그리워합니다.

피아노 콘체르토 20번 D단조 1악장 알레그로

어떤 느낌인지. 모차르트가 왜 저 음악을 만들 수밖에 없었는지.

갑자기 이해했습니다.

문을 열고 안으로 들어갑니다.

눈이 떨립니다.

마음은 방망이질합니다.

머리는 모든 것을 가득 담고서 창 너머 빈을 바라봅니다.

잘츠브루크는 세포에서 잃어버리고

가슴은 열정과 안락을 그리워하며
머리는 빈에서 잘츠부르크를 또 잊어버리고.

세상은 가득합니다.
나는 그 세상에 살고 있습니다.

어차피 한순간이고 그 공간입니다.

나는 케파를 마시며 모차르트의 마음을 가져버립니다.
그의 당당한 부끄러움 너머 고독한 아이를 느낍니다.

오솔길에서 만나게 된다면 나는 그대에게 케파를 드리겠습니다.

오늘 같은 날.
잘츠브루크 언덕에 앉아 저 멀리 빈을 바라보겠습니다.

오늘은 그런 날입니다.
이런 날에는

piano concerto no. 20 in D minor k466-I. ALLEGRO를 들

어야 합니다.

　모차르트를 그리워하며, 감사하며.
　케파를 마십니다.

　모차르트 쾨헬 466번이 실내를 가득 채웁니다.

　5월 29일 오전 11시 30분입니다.
　갤러리 꿀뿡 미술관이 열립니다.
　몸은 여기에 있고
　마음은 저기에 있을 것입니다.
　가득한 혼돈.

　그것이 삶입니다.
　모차르트는 이야기합니다.

부끄러움을 모르는

바흐 협주곡을 들을까 모차르트 협주곡을 들을까 고민하며 tanzania killimanjaro pb를 마시다.

하늘은 때깔 좋게 옅은 먹물이 먹힌 한지마냥 펼쳐져 있고
자락에서는 줄기가 주룩주룩.

우거지려는 산의 초록이 무겁게 씻겨지고.

여측 없이 무겁고 투명한 그런데 덜 여문 듯.
바흐보다는 모짜르트를 들을까 옹알거리며.
여운 솔솔 내는 그래 더 가벼운 피베리를 마신다.
머리를 울리는 무거운 성깔의 향연이야.
킬리만자로는 잘 있겠지.

누구는 미성숙하다 하고 누구는 예술의 기질이라 하고
누군 사회성 결여라 하고 누구는 표현의 적나라함이라.
누구는 그리움의 퇴화라는.

중얼거린들.

그 시위가 너를 향해 버리면 터무니없이 관대해져 버리는 세상에서

미성숙이 과연 청년의 기상이며
예술의 기질이 과연 표출의 시작이며
사회성이 진정으로 고결한 상식의 기준이며
표현이 진실로 타당한 가정에 바탕한 것인지.
노인이 제대로의 질감이 느껴지는 삶의 어른이 맞는지.

중얼거린들.
이미 세상은 부끄러움을 잃어버린 야만이 시금석.

그 판은 오로지
돈과 권력, 계층, 그리고 편으로 나눠진 전형의 어리석음.

그것이 잘 사는 것. 사회성 충만이라 칭해지는 세상.
바보들의 우상.

그 안에서 선진과 문화를 이야기하는 특이한 인간들.

부끄러움도 모른 체 졸렬한 이기만 내지르는 세상.
게으르고 편협한 잣대가 기준이 된 세상.
그것이 사회적으로 잘 산다로 등가된 세상.

그곳에서 너희들은 또 얼마나 외롭겠는가 싶기도 하다만

킬리만자로 피베리를 마시며
알록달록 색깔을 머리 위에 받치고 가는 사람들을 보며
오늘은 이런 회색으로 하루가 저무는구나.

킬리만자로가 주는 여유

바흐를 들을까 모차르트를 들을까 고민하다 피베리를 마신 시간에.

헤헤.

외로움에 대한 이해 혹은

브람스의 저먼 레퀴엠을 들으며 el salvador santa ana shb를 마시다.

그런 날이 있지요.
설명할 수 있을 것도 같은데,

어차피 하며 단념하는 겁니다.
물론 이유를 댈 수도 있습니다만
어차피 하며 삭이는 겁니다.
여기도 저기도 이런 상황에서는 중얼거립니다.

그런 날이 있습니다.
나쁜 건 있는데, 불만족도 있는데, 그것을 묘사할 수도 있습니다만.
어차피 하며 심호흡을 깊게 합니다.
책은 손에서 떨궈지고, 마음도 심장에서 멀어지고, 눈은 어디를 보는지.

어차피 이런 날이 있습니다.
상황을 납득시킬 수도 있습니다. 하지만

어차피 그런 날입니다.
이럴 땐 산타 아나를 마셔야 합니다.
이럴 땐 자학적이지 않으면서도 경건한 더군다나 철학적인 브람스의 저먼 레퀴엠을 들어야 합니다.

이런 날
굳이 애쓸 필요 없는 겁니다.
내일이 적당히 괜찮을 내일이 곤란하지 않으려면, 다만 내일은 오늘 같지 않기를 바랄 뿐입니다.

이런 날 피해 갈 수 있을 쯤 감정 소비를 위하여 마음을 위로하는 겁니다.

이런 날
브람스의 저먼 레퀴엠을 들으며 산타아나를 마시며 그저 다행이라 여기는 겁니다.

어차피 오늘과 같은 내일이 이미 와 있기에 낭비하면 안 됩니다.

휴식

헨델 피아노를 들을까 하이든 피아노를 들을까 고민하며 jamaica wallenford estate을 마시다.

    어둠과 검정. 사이에서
    나는
    냉정과 열정을 생각한다.

    뜨거움과 차가움.
    호기심과 경멸.
    헨델이 흐르고
    하이든이 속삭인다.
    감싸 안는 마음
    상처 입은 마음.

    아침이 오면
    검정은 망설이게 되나.
    밤이 오면

어둠은 밝게 빛나.
잠은 숲길을 거닐고
랭보는 사막에서 춤을 추다.

맑은 어둠이 세상을 덮을 무렵이면
칸트는 잠자리에 들고
비트겐슈타인은 공포로 밤을 새울 준비를 한다.

태양은 일어나고
달이 누울 때,
피카소는 명왕성으로 가고
밀레는 낙엽을 버린다.

누구에게 이삭 줍는 계절인가.
형도는 외로움에 잠이 들고,
게바라는 어린이가 되어버린,
여전한 그 시절.

백석은 눈물 삼키고.
도스토예프스키 따라 천국으로 가는가.

파란 하늘 뒤로

무거운 먹장구름에

속상한 랭가드는 계곡을 따라가고,

암스트롱은 달에서 폴짝이면

어디에서나 펄럭일 국기는

별이 될 수 있을까.

미로의 열쇠는

매트리스에서 잃어버리고.

환상은 몽테크리스토를

갈망하나

유혹을 견디지 못한 아이는

악마를 따라가고

지옥의 한 철을 위해.

천사의 보호를 요청하며 환각에 빠지고

환청은 시간을 잃어버린다.

잃어버린 시간을 찾아서

돌아선 세상은

배부른 집시들의 세계.

정서적 유목민은 단절과 고독을 달리는 유튜브에서 만끽하고

꽉 막힌 도로에서 마주친 초점 잃은 눈은
차갑게 빈정이고 상처 입은 냉소는
더 차가운 냉정을 바라고.
돌아선 발길은 굶주린 정서적 학대
무엇을 갈구하나.
원하는 것은 허세와 명성.

어딘가 있을 어떤 것을 위해
기꺼이 얼어 죽을 수도
굶어 죽을 수도 있는 열정은
혹시 정신 차리면 후회 그리고 이어지는 탓.

지쳐버린 열정은 휴식을 찾지만

여전히 아름답게 빛나는 어둠은 내일이 오고 있음을 이야기하고,
그저
헨델의 피아노곡을 들을까
하이든의 피아노곡을 들을까 고민하며
블루마운틴을 마신다.

아… 이것이 휴식이다.

이해 못할 길

베토벤Ludwig van Beethoven 교향곡 5번 운명 Symphony No.5 in c minor Op.67. Fate를 들으며 jamaica blue mountain을 마시다.

 그때 소환되어졌다.
 고교시절 밤 10시 시보에 맞춰 라디오에서 공익이란 이름으로 방송을 했다.
 크놀프가 눈보라 치는 황야에서 인생은 낭비하는 것이 아니라고 울부짖으며 처참히 죽어간다. 청소년 여러분은 삶을 낭비하지 말고 공부해서 사회국가에 이바지하라는 내용이었다.

 나는 당시 가장 유명했던 라디오 진행자에게 많은 엽서를 보냈다.
 그 소설의 지은이자 그 소설에서 신인 헷세를 모독하지 말라면서.

 백 일쯤 지났을까.
 갑자기

내가 80년 5월 어느 날 백골단에게 잔인하게 두들겨 맞으며 피 흘리던 대학생의 초점도 잃은 채 허공에서 헤매는 눈망울과 거리를 당당히 걸어가며 뭔가를 외치던 꿈꾸는 그의 눈동자가 각인됐다.

엽서를 더 이상 보내지 않았다.

신문에 이어 텔레비전에 이어 라디오도 더 이상 듣지 않기로 했다.

고교시절 세상의 연결 통로는 책과 아메리칸센터와 미군부대였다.

치료받는 아내를, 진료 대기실에 기다리는 나와 아이 옆에 있던 두 남자 노인의 이야기를 듣다, 갑자기 크놀프가 떠오른 것이다.

고교시절의 나는 헷세에게 미안했다.

그의 명예를 지켜주지 못한 내가 안타까웠다.

87년의 와중에 헷세를 가장 좋아한다는 자가 대통령이 되었다.

그때도 크놀프의 이른바 공익 방송이 생각되어졌다.

여전히 미안했지만 아무것도 할 수 있는 게 없던 나는 미안했다.

그저 강가에 앉아 소주를 마시며 흐르는 강물처럼 삶을 살고 싶다고 생각했다.

내가 알고 있는 것은 사실일까.
내가 알고 있는 사실은 진실일까.
내가 알고 있는 진실은 의지에서 나온 것일까, 어쩔 수 없어 나온 것일까.

약관의 나는 다짐을 했다.
안한다와 못한다에서 언제나 안한다에 서 있기 위해 한없이 모자랄 테지만, 죽을 때까지 오로지 독서하고 명상하고 사유하며, 만행하여
오로지 안한다에 서 있을 것이다.

그것을 위해
존재를 오로지 목적과 목표로 여기지.
추호도 수단과 도구로 여기지 않는다.

그 다짐은 이제 이순을 바라보는 나에게 여전히 유효하며, 세상의 길을 밝히는 등이 되었다.

그 길에서 나는 무엇을 하는가.
내가 바라는 것은 무엇인가.

그때 다시 기억이 소환되어진다.

국제학교에 다니는 아이들을 둔 엄마들 여럿이 앉아 이야기를 하고 있었다.
이런 데는 못 데리고 오지. 기껏 힘들게 아이 키웠더니, 이러고 살겠다면 속 터져 죽지. 라는 젊은 엄마의 찢어지는 소리가 내 귀에 들렸다.

그때 비 심하게 내리는 제주도의 하늘을 보았다.

비가 삼 일째 쉼 없이 내리는 늦가을 오후
물에 젖어 바람에 추위 떨며 낙엽 되는 감잎 너머
여남은 감 쪼아먹던 여러 마리 산까치도 사라지고
허연 구름 가득한 하늘 아래 오가는 고양이도 없는 골목길 이편의
힘없는 파리와 모기를 너의 명이 이 손에 있구나 벽에 재워두고
차가운 날이야.

초기 칼라사진처럼
자리에 있는 공간을 주시한다.
낡은 보다 오래된 듯 기분으로
내뿜는 공기를 들숨날숨하고
베토벤 5번 심포니를 들으며
공간을 바라본다.
무겁고 깊은 자마이카 커피를 마신다.

내 행복했을 시절의 사진첩에 지금을 넣는다.

그렇다
내 행복한 시절의 사진첩에 지금도 넣는다.

지금도
베토벤의 운명을 들으며
블루마운틴을 마시며
차가운 공기를 바라본다.
내가 이해한 의지에 반하지 않고 그대로 나에게 당연히 설명할 수 있는 길을 나는 가고 있다.

누가 나를 위로해 줄까

조성진이 연주하는 쇼팽Frédéric Chopin Waltz No.1 Grande Valse brillante op.18를 들으며 Australia Queensland Skybury를 마시다.

위로가 필요한가라는 의구를 한 적이 있다. 필요하다. 왜에서 존재의 본질적인 의구는 시작된다. 왜 있는가. 이미 답은 정해져 있다. 선택의 문제일 뿐이다. 라며 열한 살의 나는 의지했다. 그 후로.

내 이야기를 해야겠다.

그때 쇼팽의 화려한 대왈츠를 듣고 싶다는 생각에
오스트레일리아의 스카이버리를 마시기로 결정하고
조성진에게 화려한 대왈츠를 요청했다.

누가 나를 위로해 줄까.

열 살의 내가 문득 머리 들어 사방을 둘러보니 그저 적막하다.

그 후 가로등빛이 멀리 보이는 저녁을 더 좋아하게 된 나는
서재에서 들려오는 쇼팽과 바흐와 모차르트와

나를 괴롭히려 준 에스프레소에서
그 둘이 영원히 나와 함께할 것임을 받아들였다.

외로움과 클래식과 커피로 세상을 바라보았다.
그것은 좋은 선택이었고
나는 태양을 가득 향유한 어둠이 암각된 밤을 사랑하게 되었다.

밤의 여정과 생각의 사유와
옆에 있는 클래식과 커피는
외로움과 고독의 아름다움을 보여주었고

나는 그것으로 세상을 바라보았다.
그것은 좋은 선택이었고
나로 하여금 더
책의 옆에 있게 하였고, 나는 책을 실망시키지 않기 위해 더 읽고 사유하고 명상하며 태양을 가득 향유한 어둠이 암각된 밤을 걸었고, 그 밤을 내 마음에 넣었고, 그 마음으로 끝에서 이쪽과 저쪽을 바라보게 되었다.

태양을 가득 향유한 맑은 어둠이 암각된 마음은

마치 머리에 밝은 빛 등을 단 우주선처럼

마치 빛을 공간에 비추는 등대처럼

나아갔고 바라보았으며

나는 나를 보았다.

사방을 둘러보았다.

눈물과 아픔과 웃음과 슬픔과 벽을 보며

나는 언제나

공간에 있을 별이 되고자 했다.

그 별이 될 자리를 찾기 위해

더 읽고, 생각하고, 사유하여 세상을 나아가고 바라보며

오로지

기특한 본능이 종국 좋은 선택이었음을 인정케 해준 길을 따라

걸었으며 바라보았으며 축적케 했다.

하지 않기 위해.

무엇을.

무엇을 하기 위해서 하지 않아야 하는가.

둘러보니.

다가오는 공간이 앞에 있고
멀어지는 공간이 앞에 있고

문득
지금의 내가 있는 여기는 미래의 길이며
미래의 길은 이미 내가 걸었던 과거이며
과거의 길은 지금의 내가 가는 미래였다.

나는 잃어버린 선택을 하는 것인가.
나는 잊어버린 선택을 하는 것인가.
나는 공간에서 무엇을 하는가.
나는 공간에서 무엇을 했는가.

쌓여 있는 무한의 소리들.

정말로
기특한 본능은 언제나 좋은 선택을 하였구나.
돌아보니 그렇구나.

나는
안한다와 못한다에서
언제나 안한다에 서 있기 위해
더 독서하고 생각하며 사유하여 더 만행하기를 간절히 바랬고
그 바램의 시작이며 끝은
존재를 오로지 목적과 목표로 여기지
추호도 수단과 도구로 여기지 않는다.

공간이 나를 본다.

얼마나 돌아왔는가.
하니
내가 웃는다.

화려한 대왈츠는 들으며 스카이버리를 마시며
행복한 인류로
만족한 사람의 삶을 살지니,

더 자유롭게 더 강렬하게 더 우아하게

조용히 천천히 평온히

마음이 공간이 된다.

나는 공간이다.

- 편지 전문 -

죽고 싶다는 중3 학생에게

귀하가 내게 쪽지로 남긴 글 보았습니다.

먼저, 맹렬히 기록하느라 오타와 난문맥이 무척 많을 것입니다. 이해 바랍니다.

귀하가 생각하는 윤리의 한계와 생명의 기준. 나아간 철학적 각성이 어디쯤에 있는지 알 수 없습니다. 그래서 내 기준으로 이야기 합니다.

자살도 한 선택이며, 그 완성으로 혹시라도 (여기 기준) 행복할 수 있다 혹은 여겨진다면 실행해도 무방하다고 생각합니다.

그런데 귀하는 학과목 점수가 별로 좋을 것 같진 않는데 생물 점수는 더 나쁠 것 같아요. 반성해야 합니다.

귀하는 내가 원한 것도 아닌데, 내 부모는 지들이 좋아 섹스를 해서, 가난한 주제 나를 무책임하게 낳았다. 원망한다 했습니다. 친구도 없다고 했습니다.

정신, 영혼에 대한 이야기는 하지 맙시다. 생존 즉 존재에 대해서만 이야기합니다.

가난한 남자와 여자가 섹스를 해서 나를 낳았다.

가난한 남자의 건강한지 아닌지는 모르겠으나 발기된 상태에서 정액에 담긴 정자의 수가 대략 육천만 개에서 육억 개 사이로 알고 있습니다.

여기에 가난한 여자의 건강한지 아닌지는 모르겠으나 난자가 있어야 임신이 가능합니다.

위 문장의 의미는, 귀하가 알지 못하는, 지금이라는 3차원의 상태 (이 문구는 틀린 겁니다. 정확히 하자면 지금 내가 인식은 하지 못하지만이 맞는) 이전에, 이미 귀하는 무수한 경쟁을 뚫고 귀하의 한심한 부모의 아이로 태어나기 위해 최선을 다한 것으로 보인다는 겁니다. 본능이지요.

아쉽지만 귀하의 그 매개체가 왜 귀하의 지금 부모인지는 알기가 상당히 어려울 것입니다. 우주의 탄생도 우연히 빅뱅에 의해서라고 퉁쳐지는데 아쉽게도 인간의 태어남과 삶, 죽음, 그 너머야 말해 무엇하겠습니까. 빅뱅이죠.

본능.

엄마 아빠. 그들이 눈맞아 무책임하게 섹스를 했고, 귀하는 지금의 상태도 모르고 귀하의 반인 어떤 정자는 무책임하게 타 정자들과의 경쟁을 이겨내고, 귀하의 반인 난자는 왜 그것을 받아들였는지 그 본능을 먼저 반성해야만 할 것입니다.

귀하가 여기 태어난 것은 지금 부모들의 무분별한 성욕이 도화가 된 것은 타당한 이야기지만, 그 가난하고 찌질한 부모를 귀하는 회피하고 다른 아이들에게 기회를 줄 수 있었음에도 귀하는 그 기회를 스스로가 탈취했습니다.

귀하가 기회를 획득한 순간, 가난하고 찌질한, 무책임하고 이기적인, 제대로 교육의 기회도 주지 못한 한심한 녀석들을 부모로 가지게 된 겁니다.

귀하도 책임이 있습니다. 그 한심한 녀석들을 부모로 가진 귀하의 필사의 선택, 그것을 어떻게 설명할 것입니까? 왜 설명해야 하냐구요? 그게 왜 내 탓이냐구요?

그렇다면 더 이상의 말이 필요 없는 겁니다. 원하는 대로 죽으면 됩니다.

그런데 이와 일맥상통합니다.

지금 귀하가 자살합니다. 그러면 그다음은? 지금의 귀하는 알 수 있나요?

마찬가지입니다.

귀하가 태어나기 전, 정자가 반, 난자가 반의 상태에서, 다른 정자에게 기회를 주고, 또 난자는 그 합체를 포기했다면, 즉 다른 정자를 택하거나, 혹은 다음 주기의 즉 다른 난자에게 기회를 줄 수 있었을 상황을 포기했습니다. 혹은 가졌습니다.

그런데 귀하는 그 상황, 상태를 전혀 모르고 있잖습니까!

그런 귀하가 지금 죽어버린다면, 혹시 다음의 있을 수도 있을지도 모를 다른 어떤 귀하는 후회할지, 다행이라 여길지 그 누가 알겠습니까!

왜 학생의 부모가 학생의 바램대로 삼성 회장이라는 이재용이 아닌지, 왜 잘 나가는 변호사, 의사가 아닌지는 나도 알 수가 없습니다.

귀하의 꿈이 뭔지 알고 싶지도 않습니다.

어차피 삶이라는 건 여기서 끊어지든 이어지든 모든 것이 빅뱅입니다.

아쉽게도 그렇습니다.

철학적으로 윤리적으로 사회적으로, 가족, 사랑, 국가, 종교, 신념 따위 헛소리를 해대어도 변하지 않습니다. 귀하의 삶은 오로지 귀하의 것입니다.

그 개인의 삶과 집단의 삶에서, 필요에 의해 결국 사회는 이뤄져 모든 혹은 어떤 구성원들의 삶을 위해, 또는 혼란을 막기 위해 체계화된 연습과 무엇으로 만들어져 세습된 규칙과 규범을 구성원들에게 교육시켰을 뿐입니다.

그럼에도 여전히 사람은 무엇이든 선택할 수 있습니다.

이 지점에서 문제가 발생하는 것입니다.

지금 학생이 원하는 것, 하고 싶은 것이 진정으로 무엇입니까?

혹시 보여주기 위한 것이 아닌지.

혹시 공명 - 명성을 얻기 위한 것이 아닌지.

혹은 지배 그리하여 굉장히 풍요롭게 살기 위한 것이 아닙니까?

왜 그러면 안 되냐구요?

그러니까 내게 편지를 보낸 귀하에게 내가 이야기하는 겁니다.

그러니까 귀하의 삶, 귀하의 가치관이 잘못된 것이라고.

타인의 시선, 타인의 평가 없이, 혹은 학교, 부모, 사회라는 어떤 조직이 만들어진 패러다임 - 가치 판단으로 나를 재단하고 판단하고 있는 것이 아닌가.

내 꿈마저 혹시 남들이 만들어 놓은 것, 남들에게 인정받기 위한 것, 남들에게 으스대기 위한 것이 아닌지를 보아야 하는 것입니다.

그런 꿈이 뭐가 나쁘냐구요?

그러니까 내가 지금 길게 기록하고 있잖아요.

귀하는 어디에 있습니까?

내게 편지를 보낸 그 존재가 명확한 귀하. 즉 귀하가 인식하고 있는 바로 그 내가 맞습니까?

귀하의 본능은 살고 싶어, 위로받고 싶어, 죽기 싫다며, 살려달라고 긴 편지를 보내게 했습니다. 반면에

귀하의 감성은 자신에 대한 착각에서 똑똑할 수 있는 자신이 기회를 받지 못하고 있다는 자기연민에 빠져 있습니다. 울분을 분출하고 있습니다.

그런데,

귀하의 이성은 지금 뭘 하고 있습니까!

귀하의 본성은 지금 뭘 하고 있습니까!

내가 위에 기록한 내용들이 무슨 말인지 모르겠나요?

그렇다면 귀하가 내게 보낸 글들을 다시 읽어보세요.

거짓말하지 말고. 정확히, 내용의 겉을 보려 하지 말고 그 내용을 기록하게 된 그 마음들을 이해하려고 해보세요.

할 수가 없다구요?

그 정도로 귀하는 비이성적이며, 본성에 대한 이해가 없으며, 감정에 휩싸여 세상을 살고 있는 것입니다.

죽고 싶다면 죽어도 어쩔 수 없는 겁니다.

운명이 어쩌고, 희망이 저쩌고, 뭐가 뭐가 하는 녀석들은 결국 사회적 비용과 국가적 유지를 위한 즉 종교든 국가, 사회적이든 권력 기득층들의 헛소리에 불과하니 귀 기울일 필요 없습니다. 쉽게 돈 벌려는 방송의 기망일 뿐입니다.

친구도 없고, 도와줄 어른도 없다는 어린 귀하의 마음을 이해합니다.

그런데 친구가 있어 본 적이 없던 나는 친구가 없다는 것에 별 감흥이 없습니다.

도와줄 어른이 없다는 말에도 나 역시 그러하였기에 뭐라고 말해 줄까요?

최소한 귀하는 이 편지를 보낼, 이 블로그의 주인인 나라는 존재라도 있잖습니까!

귀하의 윤리의 한계와 생명의 기준, 나아간 철학적 각성이 어디쯤에 있는지 알 수 없습니다. 그래서 내 기준으로 이야기합니다. 라고 서두에 기록했습니다.

그 행위가 진실로 원하는 것이라면 하면 됩니다.

지금 당장 혹은 반드시 성공해야 한다는 가짜 기득 기생언론, 그리고 성미 급한 기성세대라는 어떤 한국인들이 만들어 놓은 세계관에서 나온 쓰레기들에 가치관에 함몰되는 것보다는 그 선택이 낫습니다.

그럼에도 귀하의 말대로 어떤 꿈이 있다면 사람들의 비아냥, 무시, 괴롭힘이라는 낙인과, 외면과 외로움, 고독이라는 고립에 주저하지 말고 홀로 당당히 가는 겁니다. 친구 따위, 인간들의 인정 따위가 왜 필요합니까? 귀하는 이미 수천만 수억의 경쟁을 이겨낸 존재입니다. 왜 그것을 기억하지 못합니까!

십 년이 아니고, 이십 년, 삼십 년, 사십 년, 오십 년, 육십 년, 칠십 년을 그냥 가는 겁니다.

천천히 그리고 미친 듯이 외로움을 즐기려 가는 겁니다.

무서운가요? 어려서 힘들고 아픕니까? 쉽게 가고 싶은데 그래서 더 속상하고 원망스럽습니까?

내가 원하고 하고픈 건데, 사회적 고립과 낙인이 무서운 겁니까? 그래도 해야 합니다. 할 수밖에 없습니다.

아니면 죽어도 됩니다. 그런데 나는 이해하고 싶지 않습니다.

그 과정에서 만약에 타인들의 시선을 받고 또 사회적 인정을 받아 돈도 벌고, 명성도 쌓는다면 그것은 그것대로 나쁠 것은 없는 것이지만, 내가 원하는 것이 정말 맞습니까!

내가 원하는 것이 진정한 목적이자 목표인지, 아니면 어떤 것을 위한 수단이자 도구인지를 귀하는 먼저 생각해 봐야 합니다.

만약 그것이 수단, 도구라면 귀하는 자신에게마저도 거짓말을 하는 것이며, 단지 사회 부적응자인 귀하는 그 탓을 역시나 찌질한 부모 탓으로 돌리는 것입니다.

생각을 해보세요.

조급하고 안달 난 이상한 매체들, 괴상한 기성세대가 짜놓은 어리석은 가치 세계관에 함몰되어 허둥거리며 세상 탓을 하며, 그 소모품이 되지 못한 자신을 바로 그 가치관으로 보며 고립을 자초하고 자신을 낙인을 찍어버리며 자신을 괴롭히지 마세요.

내가 원하는 삶은 무엇입니까?

사회, 타인의 시선과 가치관이 아닌 나의 시선과 가치관을 가지고 고민하세요.

그것으로 삶을 살려고 공부하세요. 이 공부는 학교 공부가 아닙니다.

어쩌면 본능도 수긍하며 죽을 수 있는 타당한 이유를 제공해 줄 수 있을 좋은 길입니다.

지금에 만족한 행위, 삶이라는 것의 지금은 찰나와 연속성 그리고 동시성을 모두 내포한 단어라는 것을 결코 잊어서는 안 됩니다.

내가 관찰한 타인들의 삶으로 유추컨대 귀하의 그 찌질한 부모도 귀하와 비슷한 십대를 살아왔을 것 같다라는 느낌입니다.

반성 발전 없는 반복적 일상의 나이 들기, 비참하지 않습니까?

그럼에도 여전히 타인들의 관심, 동정, 지지가 없어도 삶은 잘 살아지기도 합니다.

실제로 타인들은 관심이 없습니다. 또는 그저 괴롭힐 대상을 찾을 뿐입니다.

그런 자들의 가치관으로 왜 스스로를 재단하려고 합니까?

내 것을 찾으세요. 이불 속에서 아무것도 하지 않고 천천히 죽어가는 것도 궁극의 내 선택이라면 그것을 실천하면 됩니다. 그런데 정말 그렇습니까?

왜 타인의 시선, 타인의 속도, 타인이 가치관, 타인의 목적과 목표로 자신을 그들의 도구와 수단으로 만들려고 합니까?

내 속도로 삶을 바라보고, 그 속도로 살기를 바랍니다.

그것이 진정 내 속도라면, 느리게, 더 천천히 걸어도 이상할 게 없습니다. 오히려 더 잘 살아질 것입니다.

가난이라는 것은 귀하가 만약에 진실로 귀하를 신뢰한다면,

귀하가 이른바 끝내 공명 - 즉 타인의 존경을 받지 못한다 하더

라도 나의 삶을 살아왔기 때문에 오히려 더 행복한 지평이며,

귀하가 만약에 공명을 얻게 된다고 한다면, 그 공명을 더 반짝이게 해줄 수 있을 상황인 겁니다. 가난은 이해 못하겠지만 모든 정신의 마지막 길이기도 합니다.

위 문장의 상태를 이해할 경지에 귀하가 닿을 수는 있을까요! 겉멋이 아닌 삶으로의 소유로서, 이 상황을 사유할 수 있겠나요?

귀하의 어떤, 모든 선택에 오직 귀하의 의지만이 담기기를 바랍니다.

그것이 이른바 완벽한 삶입니다.

귀하가 그것을 과연 이해하고 실천할 존재가 될 수 있을까요?

타인의 관점으로 스스로를 고립시키지 말고, 낙인찍지 마세요. 자신을 괴롭히지 말기를 바랍니다. 자신의 호흡으로 내 삶을 살기를 진정으로 바랍니다.

나는 묻고 싶습니다.

귀하는 누구에게 이른바 진정한 친구입니까? 그 한심하다는 부모에게 좋은 아이입니까? 그렇게 질문하면 안 됩니까? 왜요?